Rupert Dernick
Werner Tiki Küstenmacher

Topfit für die Schule

durch kreatives Lernen im Familienalltag

Kösel

MIX
Papier aus verantwortungsvollen Quellen
FSC® C014496

Verlagsgruppe Random House FSC® N001967
Das für dieses Buch verwendete FSC®-zertifizierte Papier
Classic 95 liefert Stora Enso, Finnland.

7. Auflage 2013

Umschlag: Elisabeth Petersen, München
Umschlagmotiv und Illustrationen im Innenteil:
Werner Tiki Küstenmacher, Gröbenzell
Druck und Bindung: GGP Media GmbH, Pößneck
Printed in Germany
ISBN 978-3-466-30777-7

Weitere Informationen zu diesem Buch und unserem gesamten
lieferbaren Programm finden Sie unter
www.koesel.de

Rupert Dernick
Werner Tiki Küstenmacher

Topfit für die Schule
durch kreatives Lernen im Familienalltag

Inhalt

Einleitung

Dieses Buch ist für alle geschrieben, die Kindern einen guten Schulstart ermöglichen möchten. Also vor allem für Eltern, aber auch für alle, die Vorschulkinder begleiten und fördern. Aus vielen Gesprächen im Rahmen meiner kinderärztlichen Sprechstunde weiß ich, wie wichtig das Thema »Gelungener Schulstart« für Eltern und Kinder ist. Andererseits erlebe ich auch, wie Förderbemühungen daran scheitern, dass sie Zeit und Geld kosten oder vor Ort nicht verfügbar sind.

In diesem Buch stelle ich Ihnen die FamilienErgo®-Methode der Schulvorbereitung vor. FamilienErgo

- passt in jeden Alltag (auch in den alleinerziehender und/oder berufstätiger Eltern),
- kostet nichts,
- vermittelt viele Einzelfähigkeiten und
- lässt das Kind als Ganzes in seiner Persönlichkeit reifen und verleiht ihm Selbstbewusstsein und Souveränität.

FamilienErgo bedeutet Förderung, indem Kinder in Alltagstätigkeiten einbezogen werden: Einkaufen, Essen zubereiten, Telefonieren etc. Dieses Konzept habe ich aus folgenden Erfahrungen und Erkenntnissen entwickelt:

- (Fast) alle Eltern wünschen ihrem Kind einen erfolgreichen Schulstart und sind bereit, ihr Kind bei den Vorbereitungen zu unterstützen.

- (Fast) alle Kinder im Vorschulalter sind froh und stolz, wenn sie den Erwachsenen helfen können und Erwachsenentätigkeiten ausführen dürfen.
- Kinder erwerben eine Vielzahl der Fähigkeiten zur Schulvorbereitung »natürlicherweise« im Alltag (und nicht in Spezialkursen): in der Familie, in der Kindertagesstätte, in der Freizeit.
- Kinder lernen durch Handeln. Wenn kindliche Wahrnehmung effektiv gefördert werden soll, muss die »Fördermaßnahme« am besten im täglichen Leben angesiedelt sein. Durch häufige Wiederholung mit variablem Schwierigkeitsgrad werden Lernprozesse optimal angeregt.
- Man lernt, was man übt: Eine Schulvorbereitungsmaßnahme wird erfolgreicher sein, wenn das Geübte den Anforderungen am Schulbeginn möglichst ähnlich ist. So ist zum Beispiel der Supermarkt ähnlich ablenkend wie eine Schulklasse und bietet sich daher als Übungsgebiet für Zuhören und Konzentration an.

Der Zusammenhang zwischen Alltagskompetenz (FamilienErgo) und gelungenem Schulstart konnte eine Untersuchung an 250 Schulanfängern bestätigen (s. Seite 109 f.).

Im ersten Teil »Was sollte ein Kind vor der Schule können?« werden die Schulvoraussetzungen in den verschiedenen Entwicklungsbereichen besprochen. Jeder Abschnitt enthält eine kurze Zusammenfassung der Fertigkeiten, über die ein Vorschulkind in einem bestimmten Bereich verfügen sollte, und Anregungen, wie Eltern und andere wichtige Bezugspersonen ihr Kind konkret fördern können.
Für die Leser, die gleich mit der Förderung ihres Kindes beginnen möchten, bietet sich der direkte Einstieg in den zweiten Teil des Buches an. Dort wird das strukturierte Training »Fit für die Schule mit FamilienErgo« vorgestellt. Hierfür habe ich die sieben wichtigsten Alltagstätigkeiten ausgewählt, Schritt für Schritt erläutert und mit Checklisten versehen. Außerdem werden hier Hinweise für die Erziehung zur Selbstständigkeit von null bis drei Jahren gegeben und ein Anziehtraining vorgeschlagen.
Der dritte Teil wendet sich vor allem an Eltern, die bei der Förderung ihrer Kinder auf Schwierigkeiten gestoßen sind. Er enthält Hinweise zum Umgang mit Entwicklungsstörungen und einen Test, mit dem der momentane Entwicklungsstand des Kindes ermittelt werden kann.
Der vierte Teil schließlich ist vor allem für diejenigen interessant, die sich näher mit Entwicklungsstörungen befassen. Er enthält eine Aufzählung der Alltagstätigkeiten, mit denen Kinder mit speziellen Störungen besonders gefördert werden können. Darüber hinaus wird hier der Unterschied zwischen FamilienErgo und Ergotherapie erläutert.

Bei allem guten Willen zur Förderung von Vorschulkindern ist mir eines ganz besonders wichtig: Für alle Menschen, egal, ob Erwachsene oder Kinder, gilt: Kein Mensch ist vollkommen. Jeder Mensch hat Schwächen, die er (in der Regel) mit Hilfe seiner Stärken ausgleichen kann. Kein Kind muss alle in diesem Buch genannten Fertigkeiten besitzen, um einen erfolgreichen Schulstart zu haben. Ebenso wird es wahrscheinlich keine Eltern geben, die ihr Kind in allen Bereichen maximal fördern können. Die FamilienErgo®-Methode soll aber Mut machen, die vielen Fördermöglichkeiten, die es in jedem Haushalt gibt, bestmöglich zu nutzen.

Der zweite Schultag oder: Warum Tom in der Schule gut zurechtkommt

»So, nun räumt die Rechenhefte in den Ranzen, sucht das grüne Lesebuch heraus und schlagt Seite 8 auf. Tom, lies bitte die erste Zeile«, sagt die Lehrerin.

Um dieser vielleicht einfach klingenden Aufforderung in den ersten Schultagen nachzukommen, bedarf es einer Menge Fähigkeiten. Tom muss aus der Fülle der Geräusche und Ablenkungen die Stimme seiner Lehrerin heraushören, eventuelle Unlustgefühle überwinden (vielleicht hätte er lieber weitergerechnet) und sich vier Aufträge über mehrere Minuten merken (denn so lange dauert es in der Regel, bis alle Schüler so weit sind, um mit dem Lesen zu beginnen), nämlich:

1. *Das Rechenheft einräumen* (und zwar so vorsichtig an die richtige Stelle im Ranzen schieben, dass es später ohne allzu große Knicke wiederzufinden ist).

2. *Das grüne Lesebuch herausholen:* Dafür muss sich Tom daran erinnern, wie das Lesebuch aussah. Am ersten Schultag hat die Lehrerin es noch hochgehalten, jetzt muss er das allein schaffen. Seine Farbkenntnisse helfen ihm dabei. Aber wie soll man das Buch im Ranzen finden? Einfach alles auskippen oder alles nacheinander herausziehen? Soll man beim Herausziehen bei den dicken Sachen beginnen oder lieber vorn anfangen? Alle diese Entscheidungen müssen jetzt schnell getroffen werden.
3. *Seite 8 aufschlagen:* Wenn man achtmal umblättert, landet man je nach Buchdruck zwischen Seite 12 und Seite 20, also sollte man die Zahlensymbole kennen. Leider steht aber bei Büchern normalerweise keine Seite 1 auf der ersten Seite, also muss man erst mal blättern und eine Zahl finden, die man bereits kennt. Bei vielen Büchern beginnt die Seitennummerierung mit der Zahl 3 (oder größer). Idealerweise weiß der Schüler jetzt, dass 8 mehr ist als 3 und dass er von der 3 an nach hinten blättern muss. Wenn eine dieser Informationen fehlt oder nicht sicher abgespeichert ist, kann es ziemlich lange dauern, bis man beim Blättern zufälligerweise auf die 8 trifft, vorausgesetzt man kennt das Zahlensymbol »8« für acht.
4. *Die erste Zeile lesen:* Eben noch hat die blöde Janine durch die ganze Klasse gebrüllt, dass Yannicks Hose offen steht, aber jetzt sind endlich alle still und Tom soll lesen. Tom hofft, dass die anderen nicht loslachen, wenn er etwas falsch macht. Er nimmt all seinen Mut zusammen und liest: »Fffffu. Fu!«

Tom hat alle diese Hürden bis zum ersten Wort mit Leichtigkeit genommen. Schließlich musste er sich schon oft mehrere Sachen merken, wenn er seiner Mutter beim Einkaufen geholfen hat. Das war oft auch gar nicht so einfach: Da quakt eine Stimme was von Sonderangeboten, eine Frau ruft: »Pass doch auf!«, und die Plätzchen auf dem Probierteller sehen so lecker aus. Und trotzdem hat Tom gelernt, seine drei Aufträge zu behalten: »Honig, Erdbeermarmelade und Haferflocken in den Wagen legen.« Er hat die Erfahrung gemacht, dass man die Dinge am besten findet, wenn man sich den Platz merkt, wo sie hingehören – nicht nur im Supermarkt, sondern auch beim Wegräumen der Wäsche oder des gespülten Geschirrs. So kann er jetzt auch im Schulranzen leicht sein Lesebuch finden. Im Supermarkt ist es ihm schon hin und wieder passiert, dass die Dinge manchmal nicht mehr dastanden, wo sie vorher waren. Daher hat er gelernt, dass man sie am besten findet, wenn man systematisch vorgeht.

An der Kasse durfte Tom schon ein paarmal selbst bezahlen und hat ein Gefühl dafür bekommen, dass 5 immer mehr ist als 1 oder 2. Seit er Omas Telefonnummer wählen kann, weiß er auch, dass die Ziffern auf dem Telefon von links nach rechts und von oben nach unten immer größer werden. Damit kennt er die europäische Leserichtung und kann die Zahlensymbole sicher zuordnen. So hat er die Seite 8 schnell gefunden.
Wer sich schon – wie Tom – seit Ewigkeiten allein anzieht, der wird auch mit einem sperrigen Reißverschluss fertig, wenn es nach der Sportstunde schnell gehen muss. Wer sich

traut, allein zum Bäcker um die Ecke zu gehen und ein Telefonat anzunehmen, obwohl man nicht weiß, wer dran ist, der traut sich auch vor 20 anderen (zum Teil noch fremden) Kindern, einen Leseversuch zu unternehmen. Und die Wahrscheinlichkeit, dass der Versuch Erfolg hat, ist ungleich höher als der von Trullo Träumerchen mit dem Super-IQ: Der ist nämlich nach der Sportstunde am Anziehen der feuchten Socken gescheitert, hat die erste Aufforderung der Lehrerin überhört, nach der zweiten seinen Ranzen ausgekippt und hektisch die Fibel gesucht. Als er vom hilfsbereiten Mädchen am Nachbartisch resolut die Seite aufgeschlagen bekommt, hat er in seinem hochroten Kopf nur noch einen Gedanken: sich nicht noch einmal zu blamieren. Da ist für Lernerfolg leider wenig Platz.

Die Schule ist mehr als ein Ort des Lernens. Die Schule ist der Lebensbereich, der die Kindheit entscheidend dominiert. Hier entsteht in einem kaum steuerbaren Prozess auch ein soziales Gefüge, hier entscheidet sich, wer »Winner« und wer »Looser« ist. Wer sich hier im sozialen Lernbereich qualifiziert, kann erhobenen Hauptes durchs Leben gehen. Die Schüler, deren Begabung für einen Erfolg im Lernraum »Schule« nicht ausgelegt ist, brauchen ein dickes Fell, um sich selbst als einzigartig begabte Menschen wahrzunehmen. Und das gilt sogar für Menschen, die über großartige außerschulische Talente verfügen, zum Beispiel im Umgang mit Tieren, im musischen Bereich oder in der Wahrnehmung zwischenmenschlicher Schwingungen.

Die Schule ist für die Kinder das, was die Berufstätigkeit für die Erwachsenen ist. Nur dass sich die Kinder weder den Beruf noch den Chef noch die Kollegen aussuchen können. Selbst die Versetzung in eine andere »Abteilung« (sprich: Klasse) stellt in der Regel eine große Schwierigkeit dar.
Und so kommen Kinder aus ganz unterschiedlichen Familien und Kindertagesstätten in eine Schule, die Erfolg vor allem denen verheißt, die gut und geordnet reproduzieren können und über eine breite Palette von Lernvoraussetzungen verfügen.
Um diesen Übergang »weicher« zu gestalten, hat ein Arbeitskreis von Erzieherinnen und Grundschullehrerinnen im ostfriesischen Reepsholt in vielen Jahren eine Liste von Schulvoraussetzungen erarbeitet. Diese Liste liegt dem ersten Teil dieses Buches zugrunde, wobei jeder Schulvoraussetzung eine Alltagstätigkeit zugeordnet ist, mit der diese Fähigkeiten geübt werden können. Diese Liste habe ich durch Informationen aus Büchern, Zeitschriften, Kongressen und Expertengesprächen zum Thema »Schulvorbereitung« ergänzt.
Dass der Erwerb der dazu notwendigen Fähigkeiten in den ersten sechs Lebensjahren in der Regel gelingt, beweist die große Lernbereitschaft des kindlichen Gehirns. Dass der Übergang von der Kindertagesstätte zur Schule normalerweise bewältigt wird, zeigt die Anpassungsfähigkeit von Kindern.
Dieses Buch möchte Eltern ermutigen, diese Lernbereitschaft und Anpassungsfähigkeit im Alltag zu nutzen, um ihren Kindern einen selbstbewussten und erfolgreichen Schulstart zu ermöglichen.

Was sollte ein Kind vor der Schule können?

In diesem Teil lesen Sie, über welche Fähigkeiten das Kind vor der Schule verfügen sollte. Die Fülle der notwendigen Fertigkeiten wird dabei in folgende Bereiche unterteilt:

- Bewegung und Präzision: Motorische Kompetenzen
- Sortieren und Kategorisieren, Vergleichen und Verstehen: Kognitive Kompetenzen
- Seinen Punkt herüberbringen: Sprachliche Kompetenzen
- Der Mensch wächst mit seinen Aufgaben: Schulreife, soziale Kompetenz und Selbstständigkeit

Ergänzend finden Sie im Kapitel über die kognitiven Kompetenzen einen Abschnitt zur Vorbeugung der Rechenschwäche (Dyskalkulie) und im Kapitel über die sprachlichen Kompetenzen einen Abschnitt zur Vorbeugung der Lese-Rechtschreib-Schwäche (Legasthenie).

Bewegung und Präzision: Motorische Kompetenzen

Feinmotorische Fähigkeiten

Ein Schulkind sollte

- einen Bleistift mit dem Dreipunktgriff halten können,
- geometrische Figuren (Kreis, Viereck, Dreieck, Kreuz) zeichnen können, zum Beispiel Sonne (Kreis), Haus (Viereck), Fenster (Fensterkreuz) und Dach (Dachschräge beziehungsweise Dreieck),

- einfache Schriftzeichen nachmalen können, zum Beispiel Buchstaben des eigenen Namens,
- mit der Schere auf einer Linie schneiden können,
- Kleber benutzen können,
- Knöpfe, Schnallen und Verschlüsse öffnen und schließen können.

Warum ist das wichtig?

In der Schule lernt das Kind nicht nur schreiben, sondern (hoffentlich) auch, leserlich zu schreiben. Hierfür ist eine geübte Feinmotorik die wichtigste Voraussetzung. Schlecht lesbare Buchstaben sind nicht nur eine unnötige Fehlerquelle im Diktat. Eine verkrampfte, langsame Handschrift benachteiligt Kinder während der gesamten Schulzeit bei allen schriftlichen Arbeiten. Im elementaren Mathematikunterricht müssen Elemente farbig markiert und Mengen eingekreist werden. Auch im Kunst- und Werkunterrichtet ist nicht nur Talent, sondern auch Geschick gefragt. Gründe genug also, dem Kind alle Möglichkeiten zum Üben der Feinmotorik zu geben.

Wie kann ein Kind das lernen?

Die Handhabung von Stift, Schere und Kleber lernt ein Kind vor allem durch das Benutzen von Stift, Schere und Kleber. Fast alle Kinder haben bereits im zweiten oder dritten Lebensjahr Interesse an Stiften und sind stolz auf ihre Gemälde. Zeigen Sie Ihre Freude über das Geschenk, hängen Sie die Bilder in der Wohnung auf und ermutigen Sie das Kind, auch Verwandte, Erzieher und Kinderärzte mit seinen Zeichnungen zu beglücken.

Malen Sie *mit* Ihrem Kind, dann kann es Ihre Stifthaltung imitieren und Sie können ganz nebenbei korrigieren: »Guck mal, so: ...« Vermeiden Sie dabei verunsichernde und vergleichende Kritik (»Also, mit fünf Jahren müsste man eigentlich schon eine richtige Sonne malen können!«) ebenso wie unehrliches Lob. Beim Malen im Vorschulalter geht es nicht um Leistung, sondern darum, dass das Kind sich selbst als wirksam und schaffend erlebt und Freude bereiten möchte – die Förderung der Feinmotorik ist dabei ein Nebenprodukt.

Die Feinde der Feinmotorik

Einer der größten Feinde der Feinmotorik ist der Fernseher. Eine Untersuchung an fast 2 000 Schulanfängern zeigte, dass Kinder besser malten, wenn sie wenig fernsahen. Je mehr sie vor dem Fernseher saßen, desto mehr Körperteile fehlten an ihren gezeichneten Figuren. Kinder mit einem Fernsehkonsum von drei Stunden täglich malten manchmal nur noch

Kopf und Füße, was für Schulanfänger nicht altersgerecht ist. Aber auch in den Zeichnungen von Kindern mit mäßig erhöhtem Fernsehkonsum von einer oder eineinhalb Stunden täglich fehlten bereits einige Körperteile (s. hierzu das Kapitel »König Fernseher entthronen« Seite 160 ff.).
Das andere bedenkliche Ergebnis der Untersuchung war, dass auch die Kinder rauchender Eltern unterdurchschnittlich abschnitten – bei diesen Kindern zeigten sich häufiger verzitterte Darstellungen. Andere Untersuchungen belegten einen Zusammenhang zwischen Rauchexposition in der Schwangerschaft und der Entwicklung eines AD(H)S (Aufmerksamkeitsdefizit-Syndrom mit oder ohne Hyperaktivität, auch »Zappelphilippsyndrom« genannt). Die meisten Kinder mit ADHS haben auch ein schwer leserliches Schriftbild, das sich unter medikamentöser Therapie oft bessert.
Natürlich kann das Rauchen in der Schwangerschaft nicht als Hauptgrund für Entwicklungsstörungen angesehen werden. Entwicklungsstörungen haben viele Gründe und ein Hauptgrund sind individuelle Anlagen, für die niemand etwas kann. Die zunehmende Verbreitung des Rauchens bei jungen Frauen in den letzten 20 Jahren (30 % aller Schwangeren rauchen, bei den unter 25-Jährigen sogar 50 %) könnte aber *ein* Grund dafür sein, dass Störungen der Wahrnehmung, Feinmotorik und Konzentration bei Kindern zuzunehmen scheinen.

Geraucht in der Schwangerschaft – was tun?!

Sicher würde man jeder Frau aus verschiedenen Gründen raten, in der Schwangerschaft auf das Rauchen zu verzichten (Hilfen zur Rauchentwöhnung finden Sie zum Beispiel unter www.justbesmokefree.de, www.rauchfrei.de). Den betroffenen heute lebenden Kindergartenkindern nützt das allerdings wenig. Eltern, die beim Lesen des letzten Absatzes ein schlechtes Gewissen bekommen haben, dürfen sich aber Folgendes sagen:
Rauchen ist sicher nicht der wesentliche Grund für Entwicklungsstörungen, sondern allenfalls etwas, das bestehende Anlagen zur Unkonzentriertheit eher verstärkt als abschwächt. Keine Mutter raucht, um ihrem Kind zu schaden, sondern in der Regel aus einer persönlichen Not der Abhängigkeit heraus. Man darf sich vor Augen führen, dass die Chancen, ohne Therapie mit dem Rauchen aufzuhören, extrem schlecht und auch mit Therapie nur bescheiden sind. Vielleicht kann man sich eingestehen, dass man das Suchtpotenzial des Rauchens anfangs unterschätzt hat, und das Rauchen mit jugendlicher Unbefangenheit entschuldigen.
Ein schlechtes Gewissen hilft niemandem. Zum Glück ist das menschliche Gehirn so eingerichtet, dass Verbesserungen durch Üben immer möglich sind. Wer seinem Kind Handlungserfahrungen einräumt, nutzt die Entwicklungschancen des Gehirns.

Mein Kind will nicht malen

Wenn ein Kind nicht malen oder basteln will, hat das meist einen guten Grund, zum Beispiel:

- Das Kind sieht sonst niemanden malen (weil zum Beispiel zu Hause niemand malt und das Kind nicht in den Kindergarten geht).
- Das Kind ist ungeschickt. Wie alle anderen Begabungen entwickelt sich auch die Feinmotorik bei allen Kindern unterschiedlich und zu verschiedenen Zeitpunkten. Die meisten Menschen, ob Erwachsene oder Kinder, vermeiden Dinge, die sie nicht gut können. Dadurch kommt das ungeschickte Kind aber in einen Übungsrückstand und wird möglicherweise durch den Vergleich mit Gleichaltrigen weiter entmutigt.
- Das Kind sieht keinen Sinn darin. Wer nicht von sich aus Freude am Malen empfindet, kann nur mit sehr viel Mühe motiviert werden. Ein regelmäßiges Üben mit Lernerfolg kann so kaum erreicht werden.

Eine wichtige Maßnahme zur Förderung dieser Kinder ist daher der regelmäßige Besuch eines Kindergartens mit einem strukturierten Angebot. Die Gruppensituation bietet Möglichkeiten, die zu Hause nicht bestehen: Wenn 23 Kinder malen, werden wahrscheinlich auch die zwei Nichtmaler der Gruppe zum Stift greifen. Wer zum St.-Martins-Umzug gehen möchte, ist auch motiviert, sich eine Laterne zu basteln und dafür die natürliche Abwehr gegen das »Hier-klebt-aber-alles«-Gefühl zu überwinden.
Zu Hause stehen die Eltern eines Kindes mit »Malabwehr« vor einem Dilemma: Wer niemals malen muss, verpasst

wichtige Jahre des Übens, die gerade bei ungeschickten Kindern wichtig sind. Wer das Kind zu früh zum Malen drängt oder gar zwingt, verstärkt dadurch vielleicht gerade die innere Abwehr, die er gerne vermieden hätte.
Die Lösung besteht in der »Michel-aus-Lönneberga-Strategie«. Bekanntlich hatte der ideenreiche Blondschopf beim Männchen-Schnitzen im Tischlerschuppen nicht nur reichlich Gelegenheit, über die Folgen seiner Taten nachzudenken, sondern auch, seine Feinmotorik zu üben. Auch wenn Männchen-Schnitzen für heutige Vorschulkinder zu gefährlich erscheint, gibt es doch in jedem Haushalt viele Gelegenheiten, mit sinnvoller Tätigkeit Feinmotorik zu üben.
Das bei einigen Kindern fehlende Gefühl für den richtigen Druck bekommt man am besten beim Brotschmieren: Ist der Druck zu gering, bleibt die Marmelade am Messer; ist er zu hoch, bekommt das Brot ein Loch und die Marmelade landet auf dem Teller. Der richtige Druck wird – ganz automatisch und ohne Worte – durch ein gut schmeckendes Brot belohnt. Die wichtigste Aufgabe der Eltern besteht dabei in der Auswahl der richtigen Schwierigkeitsstufe: Margarine oder Marmelade aufs Brötchen für Anfänger, um dem Kind zu zeigen: »Du kannst das.« Nuss-Nugat-Creme oder Honig auf Brot oder Toast ist dann die Übung für Fortgeschrittene.
Kinder, die gerne mit Wasser und Schaum spielen, können zur Fachkraft für Plastikschüsselreinigung werden und beim Abwaschen und Abtrocknen neben der Feinmotorik zusätzlich die beidhändige Koordination perfektionieren.
Die kleinen Michels, die von Werkzeug fasziniert sind, können Gurken, Äpfeln und Möhren aus der Schale helfen und sie in mundgerechte Stücke schneiden. Wenn sie dazu noch einen Dip selbst kreieren dürfen, Pizza belegen und den

Käse dafür reiben, Plätzchen oder Backofenpommes mit Förmchen ausstechen etc., dann ist das feinmotorisches Intensivtraining, bei denen kaum ein Kind nach dem Sinn fragen wird.
Eine wichtige Übung zur Feinmotorik ist das selbstständige Anziehen: Socken über Füße zu bekommen und Reißverschlüsse zu öffnen und zu schließen sind tägliche Übungseinheiten, die insbesondere ungeschicktere Kinder nicht verpassen sollten (s. das Kapitel »Kleider machen Leute – Das Anziehtraining«, Seite 99 ff.).

Feinmotorik und Körperwahrnehmung für Genießer: Pizza backen im Schlafzimmer

Ihr Kind legt sich auf den Bauch und Sie kneten auf seinem Rücken zunächst den »Pizzateig«, die Rückenhaut. Anschließend belegen Sie die Pizza nach Wunsch: Virtuelle Tomatensoße verteilen Sie mit den Fingern, Basilikumblättchen fallen als kaum spürbare Berührung herab, Schinken- und Ananasstückchen sind schon deutlicher spürbar, Salamischeiben malen Sie als runde Kreise mit dem Finger auf die Haut. Dann wird das Ganze in den Ofen geschoben, der Wecker gestellt, anschließend herausgeholt, in acht Stücke geteilt und gemeinsam angeknabbert. Und dann dürfen Sie sich eine Pizza aussuchen, die Ihr Kind auf Ihrem Rücken backt.

So fördern Sie Ihr Kind im Bereich der Feinmotorik

- Setzen Sie sich regelmäßig mit Ihrem Kind hin (oder bitten Sie eine geduldige Bezugsperson, dies zu tun), um mit Ihrem Kind zu malen. Dafür müssen Sie nicht gut malen können. Im Gegenteil: Je ungeübter Sie sind, desto leichter fällt es Ihrem Kind, Ihnen nachzueifern.
- Geben Sie Ihrem Kind Straßenmalkreide.
- Achten Sie darauf, dass das Kind nicht die Fördermöglichkeit beim täglichen Anziehen verpasst.
- Leiten Sie es dazu an, sich regelmäßig sein Brot zu schmieren.
- Beteiligen Sie es am Schälen und Schneiden von Obst und Gemüse.
- Lassen Sie Ihr Kind abwaschen und abtrocknen.

✗ *Das Wichtigste in Kürze*

Malen, Schneiden und Kleben lernt man durch Malen, Schneiden und Kleben. Aber: Keine Panik, wenn das Kind mit vier Jahren noch nicht malen mag. Mit Anziehen, Gemüseschälen, Abwaschen, Abtrocknen und Brotschmieren können Sie die feinmotorischen Fähigkeiten trainieren, bis das Kind von allein zum Stift greift, weil es sieht, dass seine Eltern auch zeichnen.

Grobmotorische Fähigkeiten

Ein Schulkind sollte

- einen Ball werfen und fangen können,
- eine Treppe im Wechselschritt gehen können,
- fünf Sekunden auf einem Bein stehen und fünfmal auf einem Bein hüpfen können,

- Überkreuzbewegungen ausführen können (zum Beispiel mit der rechten Hand den linken Socken ausziehen),
- ausdauernd zu Fuß gehen können (20 Minuten, mindestens aber das Doppelte des Schulwegs).

Warum ist Motorik wichtig?

»Geschickte Motorik ist keine wesentliche Voraussetzung für den Lernerfolg«, sagen wissenschaftliche Erkenntnisse (s. Kasten »Ist Krabbeln wichtig fürs Denken?«, Seite 29 f.).

»Motorik ist wichtig«, sagt eine Schulleiterin, die es wissen muss. »Manche Schüler sind vom Schulweg schon so erschöpft, dass sie gar nicht richtig lernen können.«

»Motorik wird immer wichtiger«, sagen ärztliche und pädagogische Experten und verweisen auf zunehmendes Übergewicht schon bei Grundschulkindern bei gleichzeitig sinkenden Mitgliederzahlen in den Sportvereinen.

Alle drei Aussagen sind richtig. Der scheinbare Widerspruch bringt ein zentrales Problem der Schulvorbereitung auf den

Punkt: Etwas zu *können*, ist die eine Sache; etwas *gut* und *ausdauernd* zu können und wieder und wieder zu üben, die andere. Schulkinder haben eine Menge Fähigkeiten, aber nur ein Teil der Kinder nutzt diese regelmäßig. Dabei bestätigen viele wissenschaftliche Untersuchungen das alte Sprichwort »Übung macht den Meister«. Das Gehirn lernt vor allem durch Wiederholung und Variation. Es reicht nicht, dass ein Kind sich schon einmal allein angezogen hat. In der Schule muss es auch unter Zeitdruck die nassen Socken nach dem Sport über die verschwitzten Füße ziehen können, und es darf vom Schulweg nicht so erschöpft sein, dass es in der ersten Stunde erst mal Pause braucht.

Aber Schule ist nicht nur Ort des Lernens, es ist für Kinder vor allem auch Ort des Lebens. Kinder verbringen hier einen Großteil ihrer Zeit, in der Schule entscheiden sich die wichtigen Dinge des Lebens: Wer mit wem spielt, wer »in« und wer »out« ist, wer wessen beste Freundin ist, ins Freundschaftsbuch schreiben darf und zum Geburtstag eingeladen wird. Und diese wichtigen Fragen entscheiden sich meist nicht über die Fehler auf dem Rechenzettel, sondern über die sozialen Kompetenzen und die Bewegungsspiele in der Pause: Wer gut dribbeln und schießen und werfen kann, beim Fangen am schnellsten rennt und die geschicktesten Haken schlägt, hat gute Chancen, anerkannt und beliebt zu sein.

Ist Krabbeln wichtig fürs Denken?

Bis in die 80er Jahre des 20. Jahrhunderts war die Annahme weitverbreitet, dass die Entwicklung eines Kindes ähnlich der eines Schmetterlings verlaufen müsse, um über das Raupen- und Puppenstadium zu einem bunten Falter zu werden. Wird eines der Stadien ausgelassen – so das damalige Denken –, so ist das für die Weiterentwicklung des Kindes von Nachteil, da diese Stadien später mit sehr viel Mühe nachgeholt werden müssen. Für die erfolgreiche Verknüpfung beider Hirnhälften glaubte man an die Wichtigkeit des Krabbelns, sodass bis vor nicht allzu langer Zeit gesunde, aber nicht krabbelnde Säuglinge krankengymnastisch behandelt wurden, um die Weichen für die Zukunft richtig zu stellen.

Die Mannheimer Risiko-Kinderstudie, die über 1 000 Kinder von Geburt an bis ins Schulalter beobachtete, zeigte dann, dass ein enger Zusammenhang zwischen Motorik und Lernerfolg nur bei behinderten Kindern besteht: Hier ist es häufig (aber längst nicht immer!) so, dass die zur Behinderung führende Hirnschädigung sich nicht nur in verzögerter motorischer Entwicklung äußert, sondern später auch zu einer Lernbehinderung führen kann. Bei nicht behinderten Kindern gibt es keinen bedeutsamen Zusammenhang zwischen geschickter Motorik einerseits und dem IQ, den sprachlichen Leistungen sowie den Testergebnissen für Lesen, Rechnen, Rechtschreibung und Konzentration andererseits.

Professor Largo, emeritierter Leiter des Instituts für Kindesentwicklung in Zürich, zeigt in seinem Bestseller *Kinderjahre* anschaulich, dass Motorik nur ein Teil gesunder Entwicklung ist, aber nicht Voraussetzung für die Entwicklung von Denken oder Sprache. Auch querschnittsgelähmte Kinder können sich (wie alle anderen Kinder auch) geistig normal entwickeln und lesen und schreiben lernen.

Dies wird durch Alltagserfahrungen bestätigt: Viele Menschen kennen aus der eigenen Schulzeit mindestens einen Schüler, der in Sport »ungenügend«, in Mathe und Sachkunde aber »sehr gut« war, später Computer programmierte, sich aber kein Spiegelei braten konnte. Andererseits beweist der eine oder andere Fußballer unfreiwillig in Interviews, dass geschickte Motorik kein Garant für sprachliche Intelligenz ist.
Dass geschickte Motorik nicht Voraussetzung für intellektuelle Entwicklung ist, heißt aber nicht, dass motorische Übungen zur Steigerung der Leistungsfähigkeit zwecklos sind: Einige Kinder mit niedriger Muskelspannung profitieren durchaus davon, bei den Hausaufgaben alle 15 bis 20 Minuten eine Runde Springseil zu springen. Mancher Zappelphilipp kann sich auf einem Sitzball besser konzentrieren – auch der Autor des Buches sitzt bei langweiliger Schreibtischtätigkeit auf einem Sitzball.

So fördern Sie die grobmotorischen Fähigkeiten Ihres Kindes im Alltag

Geschickte Grobmotorik lernen Kinder vor allem dadurch, dass sie sich bewegen.

- Begrenzen Sie die Zeit, in der das Kind sich nicht bewegt. Das sind vor allem die Zeiten vor dem Fernseher. 30 Minuten täglich sind mehr als genug. Mit jeder Sendung, die Ihr Kind zusätzlich sieht, steigt die Gefahr motorischer Störungen und die Gefahr der Entwicklung von Übergewicht (Letzteres besonders dann, wenn das Kind vor dem Fernseher auch noch isst). Die

negativen Auswirkungen kindlichen Fernsehkonsums sind inzwischen so gut belegt wie die Folgen des Rauchens auf die Gesundheit. Wenn Sie beim Versuch, den Fernsehkonsum auf 30 Minuten täglich einzuschränken, bemerken, dass »König Fernseher« auch bei Ihnen zu Hause herrscht, sollten Sie professionelle Hilfe aufsuchen: Elternkurse (Adressen s. Seite 189), Erziehungsberatungsstellen und eventuell auch kinder- und jugendpsychiatrische Ambulanzen können Eltern helfen, den kindlichen Fernsehkonsum einzuschränken. Kinderärztinnen und -ärzte können in der Regel Hilfsangebote in der Nähe nennen.

- Auch Autofahren verhindert eigene Bewegung. Das Kinderturnen »um die Ecke«, zu dem man zu Fuß gehen kann, ist besser als das Spezialangebot im Nachbarort, wenn das Kind dafür 20 Minuten im Auto sitzen muss.
- Bringen Sie Ihrem Kind spätestens ab dem vierten Geburtstag bei, sich allein an- und auszuziehen, und achten Sie darauf, dass Ihr Kind diese wichtige Übung der Motorik an sechs von sieben Tagen auch tatsächlich durchführt.
- Gehen Sie viel zu Fuß mit Ihrem Kind, zum Einkaufen, zum Spielen, zum Kindergarten. Lassen Sie das Kind seine Sachen und leichte Einkäufe selber tragen; solange Ihr Kind sich nicht beschwert, ist nichts zu schwer für seinen Rücken. Und wem das zu langweilig erscheint, der kann das gemeinsame Gehen zu intensiven pädagogischen Fördermaßnahmen nutzen (s. Kasten »Fördermöglichkeiten beim gemeinsamen Gehen«, Seite 32 f.).
- Gehen Sie zum Kinderturnen: Es geht in der Schule nicht nur darum, dass Ihr Kind auch mal auf einem Bein hüpfen kann. Es geht auch darum, es dann zu können, wenn

die Lehrerin das verlangt. Ein Kind muss lernen, mündliche Aufforderungen selbstständig umzusetzen, auch wenn es nicht persönlich, sondern »nur« in der Gruppe angesprochen wird. Das gilt nicht nur für den Sportunterricht: Schulisches Lernen im engeren Sinne fängt erst an, nachdem alle Kinder die Aufforderung »Jetzt setzt euch bitte alle auf eure Plätze« nicht nur verstanden, sondern auch umgesetzt haben – und das ist für manche Kinder schon die erste Herausforderung.

- Lassen Sie Ihr Kind schwimmen lernen – das fördert nicht nur die Körperkoordination und das Selbstbewusstsein, sondern ist auch die beste Versicherung gegen Ertrinken.
- Lassen Sie Ihr Kind beim Fegen, Staubsaugen und Schneeschippen helfen – schon Zweijährige lieben diese Tätigkeiten und zeigen, wie wichtig es für sie ist, den Erwachsenen nachzueifern.

Fördermöglichkeiten beim gemeinsamen Gehen

Grobmotorik und Gleichgewicht

Lassen Sie Ihr Kind auf Mäuerchen und Bordsteinen balancieren. Spielen Sie das Spiel »Nicht die Fugen berühren«: So gehen, dass die Fugen zwischen den Gehwegplatten nicht betreten werden (wer das bis zum Kindergarten schafft, darf sich etwas wünschen – aber den Wunsch nicht verraten!). Wenn die Erwachsenen mitspielen, macht es Kindern besonderen Spaß, weil dieses Spiel mit kleinen Füßen leichter geht als mit großen.

Sprachliche Fähigkeiten
»Was habt ihr heute im Kindergarten gemacht?« ist eine Einladung, über Vergangenes zu berichten.

Verkehrssicherheit

Lehren Sie die Verkehrszeichen: »Was bedeutet das Schild mit dem eckigen Spiegelei?«
Üben Sie das Umsehen vor dem Überqueren der Straße: »Erst nach links, dann nach rechts, dann wieder nach links« kann gar nicht oft genug geübt werden und ist (über-)lebenswichtig – nebenbei lernt das Kind die Richtungsbezeichnungen.

Mathematische Fähigkeiten
Schritte zählen fördert das Zählvermögen und die gedankliche Verbindung: ein Schritt = eine Zahl weiter.
Trainieren Sie das Schätzen: »Wie viele Schritte sind es noch von hier bis zur Ecke, ich glaube: 20 – und du?« Oder: »Wie viele Straßenlaternen sind es noch bis nach Hause?« Und schon wird ein langweiliger Weg zur spannenden Rallye.

Was wird aus motorisch ungeschickten Kindern?

Kinder mit Entwicklungsstörungen im motorischen Bereich zeigen zum Teil psychische Auffälligkeiten, die sich vor allem im Jugendalter verstärken. Sie sind ängstlicher, depressiver als andere Kinder und leiden häufiger unter Kontaktstörungen. Das Erziehungsverhalten der Eltern ist oft durch Überbehütung geprägt, vielleicht als Reaktion auf das ungeschickte Verhalten des Kindes, mit der die Eltern das Kind vor Missgeschicken und Unfällen bewahren möchten. Andererseits besteht immer die Gefahr, dass das überbehütende Verhalten selbst dem Kind zu wenig Handlungserfahrungen ermöglicht, wie das Beispiel Sven zeigt:

Als Sven zwei Jahre alt war, hatte er einen Fieberkrampf: Seine Eltern fanden ihn zuckend und bewusstlos und glaubten, er würde gleich sterben. Er kam mit dem Rettungswagen ins Krankenhaus. Dort erholte er sich rasch und konnte gesund entlassen werden. Die Ärzte rieten den Eltern, darauf zu achten, dass Sven kein Fieber mehr bekäme, da es dadurch zu einem erneuten Krampf kommen könne (was allerdings nicht erwiesen ist, s. Kasten auf Seite 90 f.). Die Eltern taten alles, was in ihrer Macht stand: Sven spielte nicht im Sand, wenn es kühl war, damit er sich nicht erkältete; er besuchte nicht den Kindergarten, um sich nicht anzustecken. Er trug immer eine Strumpfhose, außer im Hochsommer. Wenn Sven sich anziehen wollte, sagte seine Mutter: »Lass mal, ich mach das schon«, damit sie auch sicher sein konnte, dass T-Shirt und Pullover auch richtig hereingesteckt waren. Die

nachvollziehbare Angst um Svens Gesundheit wirkte sich auch auf andere Bereiche aus: Die Mutter fütterte ihn noch lange, damit er sich nicht mit Messer oder Gabel verletzen konnte. Er sollte nicht bei Oma und Opa übernachten, weil er ja nachts Fieber bekommen könnte, und musste im Supermarkt immer im Wagen sitzen, damit er nicht verloren ging.
Bei der Vorsorgeuntersuchung mit vier Jahren fiel eine Entwicklungsverzögerung sowie ängstliches Verhalten auf. Die Eltern konnten aber ihr eigenes ängstliches und überbehütendes Verhalten reflektieren. (»Jetzt, wo wir darüber sprechen, fällt mir auf, dass wir ihn nie etwas haben versuchen lassen, ich habe ja immer alles für ihn gemacht!«). Als Erstes brachte die Mutter Sven bei, sich allein anzuziehen.
Nach einem Jahr Kindergartenbesuch und häuslicher Förderung hatte Sven den Entwicklungsrückstand aufgeholt.

✗ Das Wichtigste in Kürze

Die meisten Kinder werden ihre grobmotorischen Möglichkeiten allein trainieren, wenn sie nur genug Gelegenheit zur Bewegung erhalten und der TV/PC-Konsum auf eine halbe Stunde täglich begrenzt wird. Suchen Sie gegebenenfalls frühzeitig professionelle Hilfe, um »König Fernseher« zu entthronen.
Nicht nur Geschick, sondern auch Ausdauer ist wesentlich. Bei ungeschickten Kindern ist es besonders wichtig, ihnen genug zuzumuten und zuzutrauen, damit sie als Erwachsene nicht unselbstständig werden.

Sortieren und Kategorisieren, Vergleichen und Verstehen: Kognitive Kompetenzen

Genau hinsehen, vergleichen, Unterschiede und Gemeinsamkeiten zwischen verschiedenen Dingen feststellen: All das sind frühe Ausdrucksformen von Intelligenz. Intelligenz wird oft als der wichtigste Faktor für den Schulerfolg angesehen. Ausdauer, Sorgfalt und Anstrengungsbereitschaft sind aber mindestens genauso wichtig. Kognitive Fähigkeiten sind die Fähigkeiten, die mit dem Erkennen von Unterschieden und Zusammenhängen zu tun haben. Folgende Bereiche kognitiver Fähigkeiten sind für die Schule bedeutsam:

- Seriation (Mengen und Längen vergleichen, Reihen fortsetzen)
- Zählfertigkeit vorwärts und rückwärts
- Zahlenwissen
- Richtungsangabe
- zeitliche Abläufe und räumliche Beziehungen darstellen
- Konzentration: Die Kunst, sich nicht ablenken zu lassen
- Gedächtnis

Das Gesetz der Serie: Sockenmemory

Im Bereich der Seriation sollte ein Vorschulkind

- Gegenstände vergleichen können (größer, kleiner, heller, dunkler, etc.),
- Gegenstände nach Eigenschaften (Größe, Länge, Farbe, Form, Anzahl) sortieren können.

Warum ist das wichtig?

Ein sicherer Umgang mit den Begriffen »größer«, »kleiner« etc. ist nicht nur die Grundlage für mathematische Fähigkeiten wie Mengenerfassung, sondern auch die Basis, auf der das Kind Verbesserungsvorschläge des Lehrers (»Der Bogen beim ›m‹ muss größer sein«) verstehen kann.

Wie kann ein Kind das lernen?

Be-greifen kommt von Greifen: Beim Sockenmemory kann ein Kind das Gesetz der Serie begreifen und seinen Fähigkeiten beim Sortieren und Vergleichen üben.

Sockenmemory

Es erfordert genaues Hinsehen und Vergleichen, um aus einem Korb mit Socken die passenden Paare herauszufinden: Größe, Farbe und Muster müssen stimmen, manchmal sind kleine Unterschiede entscheidend, zum Beispiel, in welcher Höhe bei verschiedenen schwarzen Socken das Bündchen ansetzt.
Sockenmemory schult aber noch mehr kognitive Fähigkeiten:
Beim Prozess des Suchens wird die *Mustererkennung* und die *Figur-Hintergrund-Wahrnehmung* geschult: Ein winziges Stückchen rot-grünes Zickzackmuster zwischen lauter blauen und grauen Socken lässt auf die Existenz des gesuchten Sockens schließen (und zeigt, dass das menschliche Gehirn

kleiner Kinder leistungsfähiger ist als mancher Computer). Wer anschließend die Socken nach Besitzern zuordnet, lernt, ein Regelwerk anzuwenden, dass in seiner Komplexität an das des Diktatschreibens heranreicht (s. Tabelle »Strategien beim Sockenlegen und bei der Rechtschreibung«).
Beim Diktat und beim Sockenlegen müssen verschiedene Strategien des Schlussfolgerns und Kombinierens angewandt werden, um zur richtigen Lösung zu gelangen. Dabei kommt es nicht nur auf das Wissen um die Regeln an, sondern auch um intuitive Lösungsstrategien. Wer bei jedem Wort (oder jedem Socken) erst alle Regeln ausprobieren muss, wird sehr langsam im Schreiben oder Zusortieren sein. Wer versucht, sich alle möglichen Worte und Kombinationen auswendig zu merken, ohne die Regeln zu beherrschen, wird verwirrt sein. Für zügiges Schreiben kommt es auf den richtigen Mix zwischen Regelwissen und Intuition an.
Diese Strategien kann man schon vor der Schule trainieren, nicht nur beim Sockenlegen, sondern auch im Straßenverkehr oder beim Ausräumen der Spülmaschine.

Wenn alle Socken nach Besitzern auf Stapel verteilt sind, kann das Kind noch abzählen, wer die meisten Socken erhält. Es übt dabei nicht nur das Abzählen, sondern kann zusätzlich eine grundlegende mathematische Erfahrung machen: Sieben paar Kindersocken ergeben einen kleineren Haufen als sechs paar Erwachsenensocken. Gezählte und gesehene Mengen können sich widersprechen, es gibt einen Unterschied zwischen »mehr« und »größer«.
Informationen zu weiteren mathematischen Grundfertigkeiten finden Sie im Kapitel »Prophylaxe der Rechenschwäche«, Seite 59 ff.

Strategien beim Sockenlegen und bei der Rechtschreibung		
Strategie	Beispiel Sockenlegen	Beispiel Rechtschreibung
Analogieschluss	dunkle, große Socken = Papa Füßlinge = Mama große, bunte Socken = Mama kleine, bunte Socken mit Pferden = Anna kleine, bunte, gestreifte Socken = Yannick	Beugung von Verben ist meist regelmäßig: kaufen – gekauft holen – geholt
Ausnahmen aus dem Gedächtnis abrufen	Die Weihnachtsmannsocken sind zwar groß und bunt, aber trotzdem von Papa.	laufen – gelauft ist falsch, es gibt Ausnahmen, die man lernen und kennen muss: laufen – gelaufen springen – gesprungen
Kontext berücksichtigen	Bei zwei identischen Sockenpaaren entscheidet der Kontext darüber, wer die Socken bekommt: Wenn Oma beiden Kindern die gleichen Socken mitgebracht hat, bekommt jedes Kind ein Paar – wenn die Socken für *ein* Kind im günstigen Sammelpack gekauft worden sind, erhält ein Kind beide Paare.	Ob man »Lehrer« oder »leerer« schreiben muss, kann man nicht heraushören; man muss es aus dem Zusammenhang schließen.

So fördern Sie Ihr Kind

- Sockenmemory
- Mülltrennung
- Ausräumen der Spülmaschine beziehungsweise Wegräumen von Gespültem
- Verkehrszeichen erkennen und unterscheiden

So überprüfen Sie den Entwicklungsstand Ihres Kindes:

- Kann mein Kind einen Korb Wäsche legen?
- Kann mein Kind Farben benennen und zusortieren?
- Kann mein Kind Stifte und Bauklötze der Größe nach ordnen?
- Kennt mein Kind den Unterschied zwischen einer Anzahl (Frage: Wie viele sind das?) und einer Menge (Frage: Welcher Stapel ist größer?)?

Zählfertigkeit und Zahlenwissen: Erst eins, dann zwei, dann drei, dann vier ...

Im Bereich des Zählens sollte ein Vorschulkind

- vorwärts und rückwärts bis 10 zählen können,
- die Symbole für die Zahlen kennen (5 = fünf)
- den Vorgänger und Nachfolger einer Zahl nennen können.

Warum ist das wichtig?

Zählfertigkeit ist nicht nur Voraussetzung für das Erlernen des Rechnens, sondern auch beispielsweise notwendig zum Aufschlagen der richtigen Buchseite in allen anderen Fächern.

So fördern Sie Ihr Kind

Die ideale Übung zum *Zählenlernen* ist das Treppensteigen: Erwachsener und Kind gehen Hand in Hand in gleichmäßigem Schritt eine Treppe hoch und der Erwachsene zählt dabei leise die Stufen mit. Schon nach wenigen Wiederholungen werden fast alle Kinder anfangen, mitzuzählen. Sie erwerben dadurch ein sicheres Verständnis des Zusammenhanges »ein Schritt vor – eine Zahl weiter« und bekommen ein Gefühl dafür, wie viel 3, 12 oder 20 Treppenstufen sind. Wenn das Kind das Vorwärtszählen sicher beherrscht, kann man bei einer vertrauten Treppe auch die Stufen rückwärts zählen: »12 – 11 – 10 – 9 – 8 – 7 – 6 – 5 – 4 – 3 – 2 – 1 – 0!« Das Kind lernt dadurch, dass jede Zahl einen Vorgänger und einen Nachfolger hat – eine wichtige Voraussetzung zum Erlernen von Plus- und Minusrechung.

Das Wissen um die Zahlensymbole erwerben die Kinder beim Umgang mit Zahlen, zum Beispiel

- bei Kartenspielen,
- beim Bezahlen im Supermarkt und beim Erhalt von Taschengeld,

- beim Betrachten von Wegweisern und Hinweisschildern und
- beim Wählen von Nummern auf dem Telefon.

Beginnen Sie beim Lernen der Zahlensymbole mit einer einfachen Telefonnummer und zeigen Sie dem Kind jede einzelne Ziffer: 6 – 0 – 0 – 2 – 7. Wenn Ihr Kind dies beherrscht, nennen Sie ihm immer Zweiergruppen von Ziffern: 60 – 02 – 7, und schließlich die ganze Telefonnummer. So trainieren Sie auch seinen Hörspeicher.

So überprüfen Sie den Entwicklungsstand Ihres Kindes:
Das Kind

- kann vorwärts und rückwärts bis 10 zählen,
- weiß, welche Zahl vor und nach 3 kommt,
- kennt die Symbole für die Zahlen 1 bis 9.

Richtungen angeben: Wie kommen wir nach Hause?

Im Bereich der Richtungen sollte ein Vorschulkind Richtungen angeben und Richtungsangaben befolgen können.

Warum ist das wichtig?

Die Richtungsangaben muss das Kind verstehen, um sich in der Schule, in der Klasse und im Buch zurechtzufinden und die Anweisungen des Lehrers zu verstehen (»Schreib das in die Zeile darüber«, oder: »Zur Toilette musst du am Ende des Ganges rechts gehen.«).

Wie kann ein Kind das lernen?

Die Richtungsangaben und die dazugehörige räumliche Orientierung kann das Kind zum Beispiel auf dem Rückweg vom Einkaufen oder vom Kindergarten lernen. Fragen Sie das Kind: »Wohin müssen wir jetzt gehen, um nach Hause zu kommen?« Lassen Sie sich nach Hause führen, zuerst nur ab der letzten Gabelung vor Ihrem Zuhause, dann einen immer längeren Weg.
Weitere Möglichkeiten, Richtungsangaben zu lernen, gibt es beim

- Einkaufen im Supermarkt,
- Tischdecken,
- Geschirr- und Sockenwegräumen.

Rechts oder links? – Nie fragen!

Rechts und links, rot und blau sind Begriffe, die man sich nicht durch logisches Nachdenken erschließen kann. Entweder man *weiß*, wo rechts ist oder dass die Hose blau ist, oder man *weiß es nicht*. Ein Kind lernt dies dadurch, dass es die Begriffe immer wieder korrekt hört und anwendet.
Wird ein Kind gefragt: »Ist das rechts oder links?«, dann muss es raten. Da es, statistisch gesehen, genauso häufig richtig wie falsch raten wird, kann es die Begriffe nicht korrekt abspeichern, da auf jede richtige Verbindung auch eine falsche folgt. Es kann so von der Frage nur lernen, dass rechts und links etwas ist, bei dem man sich oft vertut. Diese Unsicherheit wird das Lernen eher blockieren als fördern.
Wenn ein Kind unsicher in Bezug auf rechts und links ist, können Sie ihm mit der Technik des aktiven Wiederholens

helfen: Achten Sie auf die Richtung, die das Kind mit dem Finger zeigt, und nennen Sie die Richtung, anstatt danach zu fragen: »Du meinst, wir müssen rechts abbiegen, ja?« Dadurch wird Ihr Kind immer wieder die richtige Verknüpfung von Richtung und Wort lernen und verinnerlichen. Widerstehen Sie der Versuchung, durch eine absichtlich falsche Frage das Wissen des Kindes zu überprüfen. Dies führt zu einem fehlerhaften Abspeichern, das nur durch häufiges richtiges Wiederholen überschrieben werden kann.
Das Gleiche gilt für das Erlernen der Farben. Wenn Ihr Kind dort unsicher ist, nehmen Sie sich vor, in jedem Satz ein Farbwort einzubauen: »Zieh bitte die grüne Jacke an, dann gehen wir durch das braune Gartentor zu unserem blauen Auto ...«. Besonders gut lernen Menschen, wenn das Lernziel mit positiven Ergebnissen verknüpft ist: Braunes Schokoladeneis, orange Möhren und roter Ketchup sind manchmal bessere Lehrmeister als die Fragen: »Na, welche Farbe hat das Gras/der Himmel/die Sonne?«. Bei diesen häufig gewählten Farbbeispielen kommt erschwerend hinzu, dass das Gras im Sommer manchmal auch braun oder gelb ist, die Sonne eigentlich weiß und der Himmel oft mehr grau als blau. Wie soll ein Kind aus solchen wechselhaften Farben eine feste Verankerung zu den Farbwörtern entwickeln?

So überprüfen Sie den Entwicklungsstand Ihres Kindes:

- Das Kind kennt die Begriffe »vorwärts«, »rückwärts«, »davor«, »dahinter«, »daneben« und kann sicher damit umgehen.
- Das Kind weiß, dass es »rechts« und »links« gibt und kann die entsprechende Seite meistens korrekt angeben.
- Das Kind kann Sie um einige Ecken herum nach Hause führen.

Zeitliche Abläufe und räumliche Beziehungen darstellen: Tischlein, deck dich!

Im Bereich der zeitlichen Abläufe und räumlichen Beziehungen sollte ein Vorschulkind

- eine Handlung wie zum Beispiel das Tischdecken oder Anziehen in einer bestimmten Reihenfolge und in einer bestimmten räumlichen Anordnung ausführen können,
- verstehen, dass eine bestimmte Handlung sinnvollerweise vor der nächsten erfolgen muss (zum Beispiel Unterwäsche vor der Hose anziehen) und
- mit den entsprechenden Begriffen (davor, danach) umgehen können.

Warum ist das wichtig?

Diese Fertigkeiten braucht das Kind, um die Schultasche in einer immer gleichen Weise zu packen und so seine Arbeitsmaterialien leichter wiederzufinden. Außerdem braucht das Kind für die Unterscheidung der Buchstaben d, b, p, q eine sichere räumliche Orientierung.

So fördern Sie Ihr Kind

Bekanntlich deckt sich das Tischlein nur im Märchen von allein. Und das ist gut so, sonst ginge Kindern eine wichtige Vorbereitung auf den Schreibprozess verloren. Mit der Anleitung zum richtigen Tischdecken lernen Kinder viele Begriffe der räumlichen und zeitlichen Zuordnung. Im folgenden Beispiel sind die räumlichen und zeitlichen Begriffe kursiv hervorgehoben (Beispiel für Rechtshänder):

»*Zuerst* stellst du die Teller so auf den Tisch, dass sie *in der Mitte vor* jedem Stuhl stehen. *Dann* legst du das Messer *rechts* und die Gabel *links* neben den Teller. Der Löffel kommt *oben quer davor*. Die Becher stellst du *schräg rechts davon* mit dem Griff nach *rechts*. *Danach* stellst du die Getränke auf den Tisch. Danke.«

Der Umgang mit der Händigkeit erfordert eine gewisse Sensibilität, da auch linkshändige Kinder sich beim Lernen durch Imitation an der Überzahl der Rechtshänder orientieren und dadurch verwirrt sein können. Die Händigkeit muss eigentlich erst in den Monaten vor dem Schulbeginn feststehen, damit die Buchstaben als motorische Erinnerungsbilder immer in der gleichen Hirnhälfte abgespeichert werden. Bis dahin ermutigen Sie Ihr Kind, mit der Händigkeit zu experimentieren, damit es seine dominante Seite finden kann. Bestehen Sie daher nur bei den Gedecken der Erwachsenen auf die für den Betreffenden »richtige« Anordnung. Lassen Sie das Kind seine Seite selbst wählen und haben Sie viel Geduld, falls bei Ihnen zu Hause Rechts- und Linkshänder am Tisch sitzen.

So überprüfen Sie den Entwicklungsstand Ihres Kindes:

- Das Kind kann den Tisch in der bei Ihnen üblichen Anordnung von Teller, Becher und Geschirr decken.
- Es kennt die Begriffe »vorher – nachher«, »davor – danach«, »erst – dann« sowie die räumlichen Zuordnungen.

Konzentration – die Kunst, sich nicht ablenken zu lassen: Einkaufen im Supermarkt

Im Bereich der Konzentration sollte ein Vorschulkind

- die Stimme von Lehrerinnen, Erzieherinnen, Mutter oder Vater aus einem Stimmengewirr heraushören können,
- drei kurze Aufträge behalten und hintereinander ausführen können,
- mindestens 15 Minuten allein bei einer Tätigkeit bleiben können.

Warum ist das wichtig?

Bevor ein Kind überhaupt mit dem Lernprozess beginnen kann, muss es sich selbst organisieren und sich mehrere Aufträge in der extrem ablenkenden Umgebung einer Schulklasse merken können (s. nachfolgendes Beispiel).

Ein Morgen in der Klasse 1a

Ein ganz normaler Schultag in der Klasse 1a. Die Lehrerin fordert die Kinder auf: »So, nun räumt die Rechenhefte in den Ranzen, sucht das grüne Lesebuch heraus und schlagt Seite 8 auf.« Nicht alle Kinder reagieren so wie Tom (Seite 14) darauf:
Jan scheitert schon an der ersten Aufforderung, weil er versucht, das Rechenheft nur oben anzufassen und dem Widerstand des sich unten aufblätternden Hefts mit noch energischerem Schieben begegnet. Julia wühlt unsystematisch im Ranzen, bis sie vom Bücken einen ganz roten Kopf hat und mit dem

Seufzer »Frau Grobe, ich finde das Buch einfach nicht« aufgibt. »Selbst ist der Mann«, denkt ihr Nachbar und kippt zur besseren Übersicht seine Schultasche komplett aus, wobei ein Buch gegen Theresas Knöchel saust, die darauf prompt zu weinen beginnt, sodass Marc sich die Ohren zuhalten muss, Pascal und Martin über flennende Mädchen diskutieren und Jacqueline in die Klasse brüllt: »Mann, könnt ihr nicht *einmal* leise sein?!«

Wenn dann Leon der Lehrerin auch noch unbedingt die Kastanie zeigen will, die er beim Suchen im Ranzen gefunden hat, Joline noch zur Toilette muss und den Weg nicht kennt, bekommt man schon Hochachtung vor Lehrern. Kommen zu den »ganz normalen«, vielleicht etwas unselbstständigen, sensiblen oder unorganisierten Kindern noch solche mit aggressiven Verhaltensstörungen oder ADHS dazu, oder Kinder, die in der Schule erst Deutsch lernen, so kann man sich nur wundern, dass es überhaupt Lehrer gibt, die eine erste Klasse nach einigen Monaten in eine lernbereite Gruppe verwandelt haben.

Alle sogenannten Konzentrationstrainings, die versuchen, die Konzentration des Kindes in einer Einzelsituation zu verbessern, werden in der Schulklasse kaum weiterhelfen. Wenn es überhaupt etwas gibt, das ein Kind auf diese Situation vorbereitet, dann sind das Erfahrungen bei ähnlichen Gelegenheiten, zum Beispiel in der Kindertagesstätte, auf dem Kindergeburtstag oder mit mehreren Kindern zu Hause – oder beim Einkaufen:
Wenn ein Kind im Supermarkt den Auftrag bekommt, den Honig zu holen, dann muss es

- aus einer Geräuschkulisse die Stimme des Erwachsenen heraushören,
- sich den Auftrag in einer extrem ablenkenden Umgebung merken und
- sich dabei räumlich orientieren, ohne den Auftrag zu vergessen.

Dies entspricht dem Anforderungsprofil in der Grundschulklasse. Im Supermarkt kann man diese Leistung jedoch gezielt trainieren: *Einen* Auftrag werden die allermeisten Vierjährigen ausführen können, zumindest wenn die Mutter sich schon in der Nähe des Honigs befindet. Wenn das Kind in den zwei Jahren bis zur Einschulung nur einmal pro Woche mit zum Einkaufen geht, hat es etwa 100 Gelegenheiten, sein Gedächtnis so zu trainieren, dass es sich drei Aufträge merken und ausführen kann. Vielleicht kommt das Kind dabei allein auf die Idee des »inneren Sprechens«: Um sich nicht ablenken zu lassen, sagt man sich die Aufträge in Gedanken immer wieder vor: »Ein Glas Honig, ein Paket Butter, eine Schachtel Cornflakes. Honig, Butter, Cornflakes. Honig, Butter, Cornflakes ...« Diese Technik wird Kindern mit Konzentrationsstörungen zum Beispiel im sogenannten Marburger Konzentrationstraining vermittelt. Mit etwas elterlicher Hilfe kann man dies schon vor der Schule einüben.

So fördern Sie Ihr Kind

Nehmen Sie Ihr Kind mit zum Einkaufen und lassen Sie sich helfen. Wenn Sie sich schon früh in der Schlange vor der Kasse anstellen, während Ihr Kind noch die fehlenden Dinge zusammensucht, schlagen Sie drei Fliegen mit einer Klappe:

- Das nervige Warten mit den Diskussionen um die süßen Verführungen vor der Kasse wird verkürzt.
- Ihr Kind wird stolz sein, wenn Sie ihm ehrlich sagen, wie schnell Sie mit seiner Hilfe einkaufen konnten.
- Ganz nebenbei lernt Ihr Kind Orientierung, Ausdauer und Konzentration.

Lassen Sie Ihr Kind das »Flaschenmonster« füttern: Die elektronischen Leergutannahmen »verschlucken« sich leicht, wenn man die Flaschen zu schnell hereinstopft. Das Kind lernt dadurch rasch: Mit Abwarten geht manches besser.

Begrenzen Sie den Fernsehkonsum Ihres Vorschulkindes auf höchstens 30 Minuten täglich und stellen Sie bis zum Schulabschluss keinen Fernseher in das Kinderzimmer.
Werfen Sie alle sechs Monate einen kritischen Blick auf die Spielzeugflut im Kinderzimmer. Weniger ist oft mehr. Packen Sie Spielzeug, das im Moment nicht gebraucht wird, in eine Kiste. Dies bringt drei Vorteile:

1. Die Beschränkung auf wenige Spielsachen wird es den Kindern erleichtern, ausdauernd mit einer Sache zu spielen. Bei leicht ablenkbaren Kindern ist das sogar ein Muss, allen anderen tut es aber auch gut.
2. Die Freude über die Holzeisenbahn ist viel größer, wenn sie nach sechs Monaten – zum Beispiel im Winter – wieder hervorgeholt wird.
3. Je weniger Sachen herumliegen, desto schneller geht das Aufräumen – und das bedeutet Stressvermeidung.

Wenn Ihr Kind leicht ablenkbar ist, achten Sie besonders auf die Situationen, in denen es eine Handlung zu Ende gebracht hat oder ausdauernd (also länger als 15 Minuten) gespielt hat, ohne zu stören. Geben Sie Ihrem Kind eine kurze positive Rückmeldung, zum Beispiel: »Schön, dass du so leise gespielt hast«, oder: »Toll, dass du den Tisch komplett gedeckt hast!«
Achten Sie darauf, in welchen Situationen Ihr Kind sich besser als üblich konzentrieren kann, zum Beispiel,

- wenn es nur mit einer Bezugsperson zusammen ist und nicht die Uneinigkeit der Eltern über Erziehungsfragen aushalten muss,
- wenn die dominante Schwester oder der aggressive Bruder in der Kindertagesstätte oder in der Schule sind,
- wenn es zwei Tage nicht ferngesehen hat.

Was auch immer Ihrem Kind hilft, sich länger zu konzentrieren: Sorgen Sie dafür, dass diese Situationen in Zukunft regelmäßig vorkommen.

So überprüfen Sie den Entwicklungsstand Ihres Kindes:

- Das Kind kann drei Aufträge im Supermarkt behalten und die genannten Waren finden.
- Das Kind kann den Inhalt eines kurzen Telefonats wiedergeben.
- Das Kind kann Geschirr und Besteck vollständig decken.
- Das Kind kann ähnliche Aufträge zu Ende bringen, wenn es nicht durch einen wichtigen Grund davon abgehalten wird.

Gedächtnistraining – alles am richtigen Ort parat haben

Gedächtnis hat etwas mit Orten zu tun. Auf einem Seminar machte ein Kinderarzt folgenden Vergleich: Wenn ich meine Einkäufe wahllos in der Küche verteile, habe ich beim Kochen zwar alles in greifbarer Nähe; dennoch ist die Wahrscheinlichkeit groß, dass mir etwas anbrennt, weil ich zu lange mit Suchen beschäftigt bin. Wenn ich die Einkäufe nach einem festgelegten Plan in die Schränke räume, wird meine Mühe eher mit dem Erfolg einer wohlschmeckenden Mahlzeit belohnt werden.
Ähnlich verhält es sich beim schulischen Lernen: Es kommt darauf an, das Wissen zur rechten Zeit am rechten Ort zu haben.

Diese gedankliche Zuordnung »Alles muss seinen Platz haben, um es wiederzufinden« können Kinder beim Ausräumen der Spülmaschine oder beim Wegräumen des Abwaschs verinnerlichen. Wie viele Orte man sich merken muss und wie komplex diese Tätigkeit ist, über die wir uns in unseren eigenen vier Wänden nie Gedanken machen, bemerkt man erst, wenn man versucht, diese Aufgabe bei Freunden oder Verwandten zu übernehmen. Dann wird klar, dass das Ausräumen der Spülmaschine ein reines Gedächtnistraining ist, da sich die meisten Aufbewahrungsorte nicht logisch herleiten lassen, sondern einfach gewusst und erinnert werden müssen.

Warum ist das wichtig?

Das Kind braucht ein gutes Kurzzeitgedächtnis, um mündliche Aufträge behalten und ausführen zu können.
Das Langzeitgedächtnis braucht das Kind zum Abspeichern von Lerninhalten, zum Beispiel in Sachkunde und zum Verinnerlichen von Regeln, beispielsweise

- am Satzanfang schreibt man groß,
- beim Subtrahieren beginnt man beim Abzählen mit dem Vorgänger der Ausgangszahl (s. Seite 62),
- wenn die Lehrerin die Hand hebt, schweigen die Kinder.

So fördern Sie Ihr Kind

Gedächtnistrainings fürs Kurzzeitgedächtnis praktizieren Kinder beim

- Einkaufen,
- Nachsprechen von Telefonnummern,
- Übermitteln telefonischer Nachrichten.

Gedächtnistrainings fürs Langzeitgedächtnis praktizieren Kinder beim

- Ausräumen der Spülmaschine,
- Wegräumen der Wäsche,
- Finden des Nachhauseweges,
- Merken von eigener Adresse und Telefonnummer,
- Auswendiglernen von Telefonnummern,
- Aufräumen des Zimmers.

Das Aufräumen des Kinderzimmers

Diese Aufgabe ist vermutlich einer der häufigsten Gründe kindlicher Überforderung und unnötigen Stresses. Beim Aufräumen muss das Kind sich nicht nur eine Menge Details merken, sondern auch noch Entscheidungen treffen, zum Beispiel:

- Kommt ein abgebrochener Stift in den Müll oder zu den Stiften?
- Darf man das teure, aber völlig unbrauchbare Reisemitbringsel von Oma wegwerfen? (Mit dem Abwerfen von unnötigem Ballast sind auch viele Erwachsene überfordert.)
- Was tun mit angefangenen Bastelarbeiten, früheren Geburtstagseinladungen, halb kaputten Spielzeugen?

Das gesamte Zimmer komplett aufzuräumen, ist eine Aufgabe, an der selbst Jugendliche noch gelegentlich scheitern. Ein Vorschulkind sollte ein bis zwei (maximal drei) Aufträge erhalten, die zusammen höchstens 15 Minuten dauern: erst alle Steine in den Korb, dann alle Malsachen und Buntstifte in die Schublade.

Am besten gelingt es, wenn Eltern dabei präsent sind und für Rückfragen zur Verfügung stehen, weil sie zum Beispiel parallel dazu das Nebenzimmer aufräumen, bügeln, oder etwas reparieren.
Wenn dem Kind das Aufräumen schrittweise gezeigt wird, ist des eine wichtige Unterstützung, sich selbst zu organisieren.

So überprüfen Sie den Entwicklungsstand Ihres Kindes:
Es gibt keinen zuverlässigen Test zur Prüfung des Gedächtnisses bei Vorschulkindern. Wenn ein Kind aber

- sich Aufträge merken und eine telefonische Nachricht übermitteln kann (Kurzzeitgedächtnis),
- ein wichtiges Ereignis aus den letzten Wochen berichten und
- Farben, Zahlensymbole sowie seine Telefonnummer und Adresse behalten kann (Langzeitgedächtnis),

hat es offensichtlich ein gutes Gedächtnis.

Musische Fähigkeiten

Die Musik überwindet Grenzen und so lassen sich auch die musischen Fähigkeiten nicht einem Entwicklungsbereich allein zuordnen:

- Das Auswendiglernen von Liedern fördert kognitive Fähigkeiten wie das Gedächtnis.
- Die Beschäftigung mit den Reimen ist ein wichtiger Teil der phonologischen Bewusstheit (s. Seite 69 f.).

- Klatschen übt die beidseitige motorische Koordination und ebenfalls die phonologische Bewusstheit, indem das Kind körperlich spürt, dass Sätze aus Wörtern und Wörter aus Silben bestehen.
- Gemeinsames Singen fördert den sozialen Kontakt zwischen Gleichaltrigen und über die Generationen hinweg und ist ein wichtiges Element, um aus einer Anzahl von Kindern überhaupt eine Gruppe werden zu lassen.
- Wiederkehrende Lieder (zum St.-Martins-Umzug oder zu Weihnachten) geben dem Kind ein Gefühl für die Zeit und die Kultur, in der es groß wird.

Doch Musik bewirkt weit mehr als das:
- Freude und Gemeinschaft erleben,
- ausgelassen sein,
- tief durchatmen und
- sich selbst als Teil eines großen Ganzen zu erleben,

sind wichtige Zutaten für den Zaubertrank, der ein gesundes Heranwachsen ermöglicht und den Goldstaub einer glücklichen Kindheit ins Gedächtnis schreibt.

Im musischen Bereich sollte ein Kind
- Töne und Melodien aufnehmen und wiedergeben können,
- sich Liedtexte merken,
- Musik und Bewegung koordinieren,
- Rhythmen erkennen und wiedergeben sowie
- Geräusche unterscheiden können.

So fördern Sie Ihr Kind

- Lassen Sie Raum für das Selbstgemachte: Dauerberieselung mit technisch perfekter Konservenkost aus Radio und Fernsehen lässt die eigenen Töne oft gar nicht erst aufsteigen. Sorgen Sie von frühester Kindheit an dafür, dass Ihr Kind auch die Stille kennt, die es dann mit seinen Tönen füllen kann. Auch die meisten Erwachsenen beginnen zu singen oder zumindest zu summen, wenn es eine Zeit lang still um sie herum ist.
- Lösen Sie sich von Fremdurteilen: Viele Menschen glauben, dass sie nicht singen können, weil irgendein unsensibler Mensch sich ein einziges Mal in ihrem Leben in diese Richtung geäußert hat. Natürlich gibt es beim Singen qualitative Unterschiede wie beim Schönschreiben oder beim Kopfrechnen auch. Andererseits wollen Sie ja vermutlich nicht den Grand Prix gewinnen, sondern nur ein bisschen Freude mit Ihrem Kind haben – lassen Sie sich die nicht nehmen. Für das gemeinsame Singen muss es nicht schön klingen – es reicht vollkommen, wenn Text und Rhythmus einigermaßen stimmen, der Rest kommt durch Übung von ganz allein.
- Bergen Sie die Schätze Ihrer Kindheit: Vielleicht fallen Ihnen noch Lieder ein, die Eltern oder Großeltern mit Ihnen gesungen haben. Egal, wie unmodern der Text inzwischen klingen mag: Diese Lieder sind ein Teil Ihrer ganz persönlichen Geschichte. Wenn Ihnen der Text nicht mehr recht einfällt und Sie niemanden mehr fragen können, durchstöbern Sie Liederbuchsammlungen im Buchladen (dabei finden Sie wahrscheinlich noch andere Lieder, die Ihnen bekannt vorkommen) oder geben Sie die eine

Zeile, die Sie noch kennen, in eine Suchmaschine (zum Beispiel www.google.de) ein.

- Kombinieren Sie Musik und Bewegung: »Hoppe, hoppe, Reiter« baut nicht nur eine Brücke aus Vertrauen (»Ich lasse dich nicht fallen«), sondern gibt dem Kind schon eine körperliche Empfindung für Rhythmus. Auch wenn das Kind noch nicht sprechen kann, kann es durch seine Körpersprache zeigen (indem es sich an der richtigen Stelle nach hinten fallen lässt), dass es das Lied versteht und Sie beide auf der gleichen Wellenlänge liegen.
- Haben Sie Mut zur Wiederholung: Sie müssen einem Kind nicht »den besten Mix und die größte Abwechslung« bieten wie ein Radiosender. Im Gegenteil: Kinder lieben die Wiederholung, den kleinen Nervenkitzel des vorhersehbaren Fallens und Gefangenwerdens am Ende des Liedes. Variieren Sie lieber Bekanntes. »Hoppe, hoppe, Reiter« mal schnell, mal ganz langsam mit kurzem Überraschungsgalopp vor dem Ziel, mal laut, mal geflüstert, weil der Reiter noch ein kleines Baby auf dem Arm hat, das schlafen soll. So können Erwachsene und Kinder die Erfahrung machen, dass es gar nicht viel braucht, um gemeinsam glücklich zu sein.
- Singen Sie mit: Hören Sie auf längeren Autofahrten Kinderliederkassetten und singen Sie lauthals mit (wenn die Straßensituation das erlaubt). Das fördert nicht nur das tiefe Durchatmen und beugt damit Übelkeit und Müdigkeit vor. »Noch einmal deine Lieblingskassette und dann machen wir Pause« ist auch eine kinderfreundlichere Antwort auf die berüchtigte Frage »Wie lange noch?« als eine abstrakte Zeitangabe.

✗ Das Wichtigste in Kürze

Musik und Gesang bedeuten nicht nur multimodale Förderung wichtiger Schulvoraussetzungen, sondern sind ein wichtiger Teil des Zaubertranks für eine gesunde und glückliche Kindheit.

Prophylaxe der Rechenschwäche

Nach neueren Forschungsergebnissen sind drei Faktoren wichtig für das Erlernen des Rechnens:

1. Sichere Verbindung zwischen Zahlwort (»fünf«), arabischem Zahlsymbol (»5«) und Menge
2. Schritt für Schritt zählen können
3. Vorgänger- und Nachfolger-Prinzip kennen

Auf diese drei Faktoren und die Fördermöglichkeiten im Alltag soll im Folgenden näher eingegangen werden.

Sichere Verbindung zwischen Zahlwort (»fünf«), arabischem Zahlensymbol (»5«) und Menge

Verbindung von Menge und Zahlwort

Was haben fünf Autos und fünf Häuser gemeinsam? Für beides verwenden wir ein Zahlwort, welches mit »f« beginnt und mit »ünf«

aufhört. Diese Assoziation muss verstanden und verinnerlicht werden, damit man auch bei nebenstehendem Würfel sofort an »fünf« denkt.

Dies lernen Kinder meist von allein, wenn sie im Alltag häufig die Zahlen hören: noch *eine* Seite vorlesen, *zwei* Kaugummis kaufen, *drei* Kinder zum Geburtstag einladen, *vier* Kühe auf der Weide etc.
Probleme können bei mehrsprachig aufwachsenden Kindern auftreten. Nachvollziehen kann das, wer im Ausland das Trinkgeld ausrechnen möchte: Selbst wenn man das gehörte »di-etschiasette e-uro e venti dschentesimi« als »17,20 Euro« übersetzen kann, wird man doch zunächst auf Deutsch das Trinkgeld dazurechnen und erst das Ergebnis wieder übersetzen. Ähnliches ist bei italienischen Kellnern in Deutschland zu beobachten: Sie summieren die Preise der Eisbecher erst halblaut auf Italienisch auf, bevor sie in bestem Deutsch den Gesamtrechnungsbetrag mitteilen.
Das Problem zweisprachiger Kinder wird deutlich, wenn man sich vorstellt, mit geringen Italienischkenntnissen den Mathematikunterricht in Italien zu besuchen. Selbst wenn man gut kopfrechnen kann, wird man doch sehr langsam sein und viele Fehler machen, wenn man erst überlegen muss: »Sette, was war das noch gleich, sechs oder sieben?« So geht es Kindern mit einer unsicheren Zuordnung zwischen Zahlwort und Zahlensymbol ständig.

So fördern Sie Ihr Kind

- Lassen Sie Ihr Kind alles Mögliche abzählen: gelegte Socken, Straßenlaternen auf dem Heimweg etc.

- Spielen Sie Würfelspiele und lassen Sie das Kind zunächst Punkt für Punkt abzählen. Verlassen Sie sich darauf, dass es von allein die Zahlen ohne abzuzählen nennen wird, wenn es so weit ist.
- Lassen Sie Ihr Kind laut überlegen, wie viele Personen zum Essen kommen, und dann entsprechend Besteck und Geschirr abzählen.
- Für zweisprachig aufwachsende Kinder ist ein früher und intensiver Kontakt mit der zukünftigen Schulsprache (in Deutschland also Deutsch) wichtig.

Verbindung zwischen Zahlwort und Zahlensymbol

Dies lernt ein Kind, indem es immer wieder die Zahlensymbole sieht und die entsprechende Zahl dazu hört: 5 = »fünf«

So fördern Sie Ihr Kind:

- Zeigen Sie Ihrem Kind, wie eine Telefonnummer auf dem Telefon getippt wird.
- Lassen Sie Ihr Kind Kleinigkeiten selbst bezahlen und Kleingeld heraussuchen.
- Spielen Sie Kartenspiele, bei denen die Zahlen auf die Karten gedruckt sind (zum Beispiel Uno, Mau-Mau).

Schritt für Schritt zählen können

Beim Abzählen der Finger sollte bei jedem Zahlschritt auch genau ein Finger weitergegangen werden. Das Gleiche gilt beim Abzählen anderer Gegenstände.

Vorgänger- und Nachfolger-Prinzip kennen

Ben rechnet 7 plus 3: Erst zählt er sieben Finger ab, dann geht er vom siebten Finger aus drei Finger weiter: »Sieben – acht – neun!« Bei 7 minus 3 würde das Ergebnis nach seiner Zählung »fünf« lauten. Auf der Treppe lernt er dann beim Auf- und Abgehen, dass man beim Plusrechnen mit dem Nachfolger der 7, nämlich der 8, beim Abziehen aber mit dem Vorgänger der 7, der 6 beginnen muss, also:
7 + 3 → 8 – 9 – **10**; 7 – 3 → 6 – 5 – **4**

So fördern Sie Ihr Kind

- Beim Treppensteigen im selben Schritt gehen und laut zählen – erst vorwärts, später rückwärts (Schritt für Schritt),
- Würfelspiele spielen,
- Ausfahrten auf der Autobahn zählen und vorausdenken, welche Nummer als Nächstes kommt.

✗ *Das Wichtigste in Kürze*

Tisch decken, Socken legen, Geschirr wegräumen und einkaufen sind Tätigkeiten, mit denen Sie jeden Tag die kognitiven Fähigkeiten Ihres Kindes trainieren können. Zweisprachig aufwachsende Kinder brauchen frühzeitig intensiven Kontakt mit der deutschen Sprache. Kinder lernen am besten, wenn sie die Begriffe genannt bekommen und dabei etwas tun oder begreifen können. Verunsichern Sie Ihr Kind nicht durch Testfragen wie: »Das ist doch blau, oder?« Benennen Sie lieber die Dinge, die es sich merken soll, immer wieder richtig.

Sein Anliegen herüberbringen: Sprachliche Kompetenzen

Im vorigen Kapitel wurde deutlich, dass eine Einbeziehung von Kindern in Alltagstätigkeiten gar nicht möglich ist, ohne ständig wichtige Worte wie »davor«, »neben«, »größer«, »am größten«, »zuerst« etc. zu gebrauchen. Die Verbindung solcher Worte mit einer Handlung führt zum Begreifen dieser Begriffe. Handlungsförderung ist daher immer auch Sprachförderung. Einige Sprachheilkindergärten verwenden bereits das Kompetenztraining FamilienErgo (s. Seite 111 ff.), um Eltern Anregungen für die häusliche Förderung mitzugeben, und berichten über positive Erfahrungen.

Sprechen und Sprechförderung

Wer in einer ersten Klasse die richtige Antwort nuschelt oder haucht, wird den Unterricht durch seinen Beitrag nicht bereichern können, weil ihn einfach niemand hört. Nun muss nicht jedes Kind ein Demosthenes-Redetraining absolvieren: Von dem berühmten griechischen Redner heißt es, er habe mit Kieselsteinen im Mund an der Meeresbrandung das laute Sprechen geübt.

Ob ein Kind deutlich spricht, hängt hauptsächlich von seinem Temperament ab. Aber auch die Erfahrungen, die ein Kind zu Hause macht, beeinflussen seine Sprechweise. Die Zuwendung und Aufmerksamkeit der Eltern sind das Lebenselixier für jedes Kind, und die Art, wie ein Kind spricht, beeinflusst die Zuwendung der Eltern: Ein Kind mit einer lauten Stimme oder ein Kind, welches den ganzen Tag redet, bindet offensichtlich die Aufmerksamkeit der Eltern. Ein lispelndes Kind sendet mit jedem Satz die Botschaft ins Unterbewusstsein der Eltern: »Ich bin doch noch ssso klein!« Aber auch ein Kind mit einer leisen Stimme kann die Erfahrung machen, dass dies die Zuwendung der Erwachsenen intensiviert, da eine leise Stimme Hilfsbedürftigkeit signalisiert.

Für Eltern eines Schulanfängers mit besonders leiser oder besonders lauter Stimme kann es hilfreich sein, das eigene Verhalten daraufhin zu überprüfen, ob dadurch vielleicht die Sprachauffälligkeit verstärkt wird. Um Gewohnheiten zu durchbrechen und Kinder positive Erfahrungen mit veränderten Sprechgewohnheiten machen zu lassen, können Eltern die folgenden Techniken anwenden.

Bei lauten Kindern hat sich die *Flüsterstunde* als Gegenmittel bewährt: Einmal am Tag, zum Beispiel während des Abendbrotes, wird ein Luftballon am Küchenschrank festgebunden. Solange der Ballon dort hängt, werden nur Wünsche erfüllt, die leise gesprochen werden. Beginnen Sie mit zehn Minuten »Flüsterstunde« und steigern Sie die Zeit allmählich.

Bei pausenlos sprechenden Kindern kann das *Schweigespiel* eine Veränderung bewirken: Ab einem bestimmten Zeitpunkt dürfen sich alle nur mit Zeichen unterhalten. Wer zuerst etwas sagt, hat verloren und muss dann zum Beispiel den Tisch abräumen.
Wenn ein Kind sehr leise oder fehlerhaft spricht, sollten Eltern darauf achten, dass das Kind nicht zu viel abgenommen bekommt und Erfolge bei nicht sprachlichen Tätigkeiten (zum Beispiel FamilienErgo) hat. Bei der Erfüllung der leise gesprochenen Wünsche und Bedürfnisse des Kindes sollten die Eltern sich allerdings nicht taub stellen und so tun, als würden sie das Kind nicht verstehen, um es zum deutlichen Sprechen zu zwingen. Dies verunsichert die meist eher schüchternen sprachauffälligen Kinder unnötig.
Bewährt hat sich hier die Technik der *positiven Verstärkung*: Jedes leise sprechende Kind spricht irgendwann auch einmal ein lautes Wort oder einen lauten Satz, zum Beispiel in einer lauten Umgebung, wenn es wütend ist oder irgendetwas dringend haben möchte. Warten Sie auf diese Gelegenheiten und verstärken Sie das laute Sprechen, indem Sie

- dem Kind eine positive, nicht ironische Rückmeldung geben: »Mensch, das klingt wirklich gut, wenn du so laut sprichst«, oder
- beim Erfüllen des Wunsches oder der Bitte besonders großzügig sind und fünf gerade sein lassen (indem das Kind beispielsweise noch einen Nachschlag vom Nachtisch bekommt, obwohl es diesen normalerweise nicht erhalten hätte).

Damit macht Ihr Kind im geschützten Familienrahmen eine Erfahrung, die es noch öfter im Leben machen wird: Die Wahrscheinlichkeit, dass Wünsche erfüllt werden, ist größer, wenn man sie deutlich ausspricht. Dies ist der beste Motivator für deutliches Sprechen.

Weitere Hinweise zum Umgang mit Sprachstörungen finden Sie auf Seite 146 ff.

Für die Schule ist verständliches Sprechen wichtiger als fehlerfreies Sprechen. Ein Lispeln oder kleine Grammatikfehler (»Da ist das Kind gespringt«) werden den Lernerfolg am Schulanfang nicht beeinträchtigen, sofern das Kind die Worte und Sätze korrekt wiederholen kann.

Sprache und Sprachförderung

Über folgende sprachliche Fähigkeiten sollte ein Kind vor dem Schulstart verfügen:

- Es sollte die Bedeutung der Präpositionen kennen (vor, neben, dahinter, danach),
- Vergleichsformen bilden können (groß, größer, am größten),
- Vergangenheitsformen bilden können (Gleich springt die Katze vom Baum – jetzt ist sie gesprungen.),
- über Geschehnisse aus der Vergangenheit berichten können (zum Beispiel auf die Fragen: Was habt ihr heute im Kindergarten gemacht? Weißt du noch, als ...? Was hast du gerade im Fernsehen gesehen?),
- eigene Gedanken formulieren können (beispielsweise auf die Fragen: Wie findest du das? Ist das gerecht?).

So fördern Sie Ihr Kind

So banal es klingt: Sprechen lernt ein Kind dadurch, dass es *mit* jemandem spricht. Vermeiden Sie daher das unmotivierte Laufenlassen von Radio und Fernsehen. Wenn ein Kind viele Stunden täglich jemanden sprechen hört, der sowieso weiterredet, egal, ob man ihm zuhört, antwortet oder ihn ignoriert, dann lernt es leider: Zuhören ist nicht wichtig.

Zum Sprechenlernen braucht das Kind jemanden, der auch antwortet und mit dem es Zwiesprache halten kann. Beim Vorlesen von Bilderbüchern lernt es, Begriffe und Gegenstände zu verknüpfen. Ideal ist es, wenn Eltern Bilderbücher nicht nur vorlesen, sondern dabei Fragen stellen, die das Kind zum Sprechen anregen, zum Beispiel: »Was macht der Teddy da? Wohin läuft der kleine Hund? Was braucht Bob jetzt als Nächstes?«

Wenn Kinder Worte nicht richtig aussprechen können, können Sie die Methode der aktiven Wiederholung anwenden: Sie wiederholen alles, was Sie von Ihrem Kind verstanden haben, in einem grammatikalisch richtigen deutschen

Satz. Natürlich können Sie Ihr Kind auch auffordern, die Worte richtig nachzusprechen. Wenn es das gerne tut und auch kann, ist das natürlich vorteilhaft. Achten Sie dabei aber auf die Signale des Kindes: Wenn es dem Kind peinlich ist (zum Beispiel vor fremden Personen oder vor dem strengen Opa), wenn es sich verweigert, wegläuft oder das Thema wechselt, dann wissen Sie: Das Kind ist im Moment nicht bereit dazu.

Damit das Kind lernt, Vergangenes zu berichten und eigene Gedanken zu formulieren, braucht es jemanden, der sich für das Kind interessiert. Das Kind wird am besten zum Sprechen angeregt, wenn Eltern Fragen stellen, die man nicht mit einem Wort beantworten kann. Also nicht: »Wie war's heute im Kindergarten?« (mögliche Antwort: »Gut«), sondern lieber Fragen, die differenzierte Antworten erfordern: »Was habt ihr heute gemacht? Wie weit bist du mit deiner Laterne?«

Wenn Kinder auch auf solche Fragen einsilbig antworten, sollten Eltern nicht weiter nachfragen und nachforschen. Der Mitteilungsdrang von Kindern ist sehr verschieden – wie bei Erwachsenen auch. Wichtig ist, dass das Kind spürt, dass sich jemand für es interessiert und bereit ist, zuzuhören.

Vorbereitung auf den Schriftspracherwerb

Zwei Fähigkeiten haben sich in den letzten Jahren als wichtige Vorläuferfähigkeiten für das Erlernen von Lesen und Schreiben herauskristallisiert:

- das Verstehen des alphabetischen Prinzips
- die phonologische Bewusstheit

Das *alphabetische Prinzip* haben Kinder verstanden, wenn ihnen klar geworden ist, dass alle Wörter aus einer begrenzten Anzahl von Zeichen gebildet werden (im Deutschen sind es die 26 Buchstaben des Alphabets zuzüglich der Umlaute und des »ß«), dass diese Symbole aber in verschiedenen Ausgestaltungen (Schriftart, Groß- und Kleinschreibung, Druckschrift und Schreibschrift) vorkommen. ARAL, Audi und ALDI beginnen alle mit A, welches aber unterschiedlich dargestellt wird. Dass alle diese verschiedenen Symbole »A« bedeuten, so wie fünf Teller und fünf Menschen alle das Prinzip »5« repräsentieren, nennt man das alphabetische Prinzip.

So fördern Sie Ihr Kind

Lassen Sie Ihr Kind beim SMS-Schreiben helfen, indem es zum Beispiel das erste Wort »Hallo« tippen darf. Dadurch wird es bereits damit vertraut, dass alle Wörter mit einer begrenzten Anzahl von Zeichen geschrieben werden können.

Wenn das Kind seinen Namen schreiben möchte, unterstützen Sie es darin, solange es Freude daran hat.

An der Ampel, im Stau oder beim Gehen durch die Stadt können Sie das Spiel »Wer sieht ein A?« spielen. Auf Nummernschildern, Wegweisern, Reklamen und Beschriftungen wimmelt es nur so von Buchstaben in verschiedenen Schreibweisen.

Die *phonologische Bewusstheit* besteht in dem Wissen, dass Sprache nicht nur einen Inhalt vermittelt (»Die Mücke ist klitzeklein«), sondern dass Sprache auch eine Struktur hat, dass Aussagen aus Sätzen, Sätze aus Wörtern und Wörter aus Silben bestehen und dass das Wort »klitzeklein« länger ist als das Wort »groß«.

Wie erwerben Kinder die phonologische Bewusstheit?

Ein Grundverständnis der phonologischen Bewusstheit erwerben die meisten Kinder ab dem dritten Lebensjahr spontan, wenn sie reimen können und merken, dass man sich ein Gedicht besser merken kann als einen normalen Text. Dass Sätze aus Wörtern bestehen, lernen sie beim Abzählen: »Ene, mene, muh, und raus bist du«. Dass Wörter aus Silben bestehen, erfahren Kinder körperlich, wenn sie beim Reimen klatschen: »Eins, zwei, drei, vier, fünf, sechs, sie-ben, ei-ne al-te Frau kocht Rü-ben«. Die hohe Kunst der phonologischen Bewusstheit besteht darin, dass man die Laute aus einem Wort heraushören kann und das Wort »Einbahnstraße« folgendermaßen hört: »Ei-n-b-a-n-sch-t-r-a-s-e«.

Dieses Beispiel zeigt, dass der Erwerb der phonologischen Bewusstheit noch längst nicht bedeutet, dass das Kind korrekt schreiben kann. Um das Gehörte richtig aufschreiben zu können, muss das Kind noch zahlreiche Regeln lernen:

- Der Laut /ei/ in Einbahnstraße wird »ei« geschrieben, obwohl er genauso klingt wie »ai« in »Hai«
- Hinter dem ersten /a/ folgt ein Dehnungs-h, das man nicht heraushören kann, sondern einfach kennen muss.
- Obwohl fast alle Menschen (außer »Käpt'n Blaubär« und gebürtige Hanseaten) »Schtrasse« sagen, wird dieses Wort mit »st« geschrieben.
- Das scharfe /s/ vor dem letzten /e/ wird als »ß« geschrieben, da das vorausgehende /a/ ein langer Vokal ist.

An diesem Beispiel wird deutlich, dass das Erlernen der Rechtschreibung ein äußerst komplexes und schwieriges Unterfangen darstellt. Das genaue Hinhören ist aber eine der wichtigsten Voraussetzungen dafür.

Prophylaxe der Legasthenie (Lese-Rechtschreib-Schwäche)

Legasthenie (LRS) im engeren Sinne ist ein seltenes Störungsbild und kann nur durch spezielle Testverfahren einschließlich IQ-Test diagnostiziert werden. Legasthenie ist in erster Linie erblich bedingt, ob sie durch ein frühes Training verhindert werden kann, ist unklar. Auch wenn Legasthenie nicht heilbar ist, kann es dennoch wichtig sein, die Störung zu diagnostizieren, damit das Kind nicht als dumm, faul oder unwillig angesehen wird.

Sehr viel häufiger ist das Phänomen, dass Kinder sich im Lesen und Schreiben beziehungsweise im Rechnen deutlich schwerer tun als im jeweils anderen Fach. Auch dies hat viel mit Anlagen zu tun. Bei manchen dieser Kinder war für die Mutter Mathematik ein rotes Tuch oder der Vater bekommt heute noch Bauchschmerzen, wenn er an Diktate denkt. Hierbei handelt es sich um unterschiedliche Begabungen. Häufig ist eine Verbesserung durch intensives Üben möglich, sodass zumindest die Note »Vier« erreicht werden kann. Die Eltern sollten dann vor allem die Anstrengung des Kindes loben und eine Vier so feiern wie sonst eine Zwei.

Egal, wie begabt ein Kind im sprachlichen oder mathematischen Bereich ist: Es ist sicher nicht schädlich, schon im Vorschulalter lockere Erfahrungen mit Zahlen und Buchstaben zu machen. Wenn das Kind sich »überfördert« fühlt, wird es das zeigen: Es wird plötzlich das Thema wechseln oder auf etwas ganz anderes zeigen. Dann sollten die Erwachsenen diese Signale beachten und nicht penetrant versuchen, dem Kind *jetzt* etwas beibringen zu wollen. Andererseits sollten Eltern auf alle Fragen ihres Kindes so gut wie möglich antworten und es nicht mit »Das lernst du später in der Schule« vertrösten, wenn das Kind sie nach Zahlen und Buchstaben fragt.

So fördern Sie Ihr Kind

Für Kindergartengruppen im letzten Jahr vor der Schule gibt es ein Trainingsprogramm zur phonologischen Bewusstheit mit dem Namen *Hören, lauschen, lernen* von Petra Küspert und Wolfgang Schneider: In nur zehn Minuten täglich werden Kinder durch einfache Spiele in 20 Wochen von Reimen bis zum Heraushören von Buchstaben geführt und erwerben so die phonologische Bewusstheit. Im Buch *Neue Strategien gegen Legasthenie* stellt die Autorin Petra Küspert dieses Training näher vor und gibt Eltern, deren Kinder nicht an einem solchen Training teilnehmen können, Hinweise zur Förderung der phonologischen Bewusstheit zu Hause.

Als die Effekte der Trainings wissenschaftlich untersucht wurden, stellte sich heraus, dass die trainierten Kinder am Schulbeginn und bis zum Ende der zweiten Klasse besser lesen und schreiben konnten als eine untrainierte Kontrollgruppe.

Das Wichtigste in Kürze

Sprechen lernt man, indem man miteinander spricht und Handeln sprachlich begleitet. Wenn Ihr Kind schon vor der Schule das alphabetische Prinzip verstanden hat und spürt, dass Sprache außer Inhalt auch Struktur (Sätze, Wörter, Silben, Reime) hat, wird es beim Schriftspracherwerb wahrscheinlich wenig Probleme haben.

Der Mensch wächst mit seinen Aufgaben: Schulreife, soziale Kompetenz und Selbstständigkeit

Soziale Kompetenz

In Unternehmen ist längst klar: Wenn das Betriebsklima stimmt, wird auch produktiver gearbeitet. Die »Arbeit« der Kinder ist der Schulbesuch, in der Schule werden aber auch Freundschaften geschlossen und gekündigt, Geburtstagseinladungen verteilt, Mitspieler für Fußballmannschaften gewählt, Mitschüler werden ausgelacht, getröstet und es werden Bündnisse geschmiedet.

Da ist der Kopf schnell voll mit Gedanken wie:

- »Hoffentlich lacht Christoph mich nicht wieder aus.«

- »Ist Chantal wohl noch meine beste Freundin?? – Jetzt hat sie wieder mit Antonia gespielt.«
- »Ob ich in der Pause wohl wieder mit Fußball spielen darf?«

Nach der Bedürfnispyramide des amerikanischen Psychologen Abraham Maslow gehört der Wunsch nach sozialen Beziehungen und sozialer Anerkennung zu den Grundbedürfnissen, die in der Regel erst befriedigt werden müssen, bevor ein Mensch sich höheren Bedürfnissen zuwendet, wie der Entfaltung seiner Individualität oder seiner Talente. Hierzu gehört das schulische Lernen.

Erwachsene kennen das auch: Wenn das eigene Kind schwer krank ist, nach einem Familienstreit oder während einer Ehekrise hat man »keinen Kopf« zum Lernen von Fakten oder Vokabeln.

Für die Eltern mag der Satz »Du bist nicht mehr meine Freundin« ein normales »Rumzicken« sein. Schließlich hat man schon oft erlebt, dass Kinder dies zueinander gesagt und dennoch wenige Tage später wieder miteinander gespielt haben. Ein Kind muss diese Gelassenheit erst lernen, indem es mehrfach die Erfahrung macht, dass das Leben auch nach solchen Sätzen weitergeht. Diese Lernerfahrung braucht Zeit. Auch aus diesem Grund ist es wichtig, dass Kinder mehrere Jahre vor dem Schulbeginn eine Kindertagesstätte besuchen. Nur hier können Kinder diese Erfahrungen in einer Gruppe von Gleichaltrigen machen. Wer in der Schule neben Lesen,

Schreiben und Rechnen auch noch das kleine Einmaleins der Freundschaftspflege lernen muss, hat es (unnötig) schwer. Über welche sozialen Kompetenzen sollte ein Kind vor der Schule verfügen?

- Aufforderungen einer erwachsenen Vertrauensperson befolgen und unverzüglich umsetzen können (nicht alles hinterfragen, diskutieren)
- Regeln behalten und einhalten können
- Konsequenzen aus Regelüberschreitungen akzeptieren können
- abwarten können, sich zurücknehmen können
- kleine Konflikte selbstständig lösen können
- andere Personen und deren Eigentum achten

So fördern Sie Ihr Kind

Beim Erlernen sozialen Verhaltens gibt es einen wichtigen Grundsatz:
Was Sie Ihrem Kind vorleben, hat einen viel stärkeren Einfluss auf sein Verhalten als alles, was Sie ihm predigen.

Beherzigen Sie diesen Grundsatz, zum Beispiel

- beim Aussprechen einer Strafe,
- wenn Sie selbst fremdes Eigentum verloren oder beschädigt haben,
- wenn ein anderes Kind Ihrem etwas wegnimmt,
- wenn Sie meinen, dass ein Klaps noch niemandem geschadet hat,
- bei der Entscheidung, ob Sie sich beim Sommerfest des Kindergartens engagieren,

- bei Konflikten mit anderen Eltern oder Erziehern,
- wenn Sie über die Lehrerin Ihres Kindes sprechen,
- wenn Sie Ihrem Kind etwas versprochen haben,
- wenn andere Kinder mit Ihrem (mit-)spielen möchten.

Eltern sind Vorbilder, im Guten wie im Schlechten und zwar immer und überall. Ob sie wollen oder nicht.
Auf keinen Fall darf aber die »Schuld« oder die Ursache für auffälliges kindliches Verhalten in erster Linie bei den Eltern gesucht werden. Die moderne Verhaltens- und Neurobiologie zeigt eindrucksvoll, wie stark unser Verhalten von unserer genetischen Ausstattung geprägt ist. Schon vor der Geburt und erst recht in den ersten Lebenswochen wird deutlich, wie unterschiedlich das Temperament von Kindern sein kann. Das bedeutet aber nicht, dass Eltern die Hände in den Schoß legen müssten: Die Erfahrung in Beratungsgesprächen und Elternkursen zeigt, dass »immer etwas geht«. Selbst bei schwierigen Kindern können die erwünschten Verhaltensweisen verstärkt werden.

»Leine tann ich das«: Selbstständigkeit

In der Schule muss Ihr Kind allein klarkommen, egal, ob die Socken nach dem Sport nass sind und nicht über die Füße wollen oder es sich nicht mehr ganz sicher ist, wie der Weg von der Toilette zurück zum Klassenzimmer war.

Folgende Fähigkeiten sollte Ihr Kind zum Schulstart beherrschen	Wofür muss es das können?
Allein anziehen, eventuell Schleife binden (dies kann laut der KiKAPS-Studie, s. Seite 106, nur etwa ein Drittel der Schulanfänger; die Kinder, die es konnten, zeigten aber auch überdurchschnittliche grafomotorische Fähigkeiten)	Umziehen nach dem Sport
Sportzeug einräumen	Damit die Sportsachen nicht verloren gehen
Platz aufräumen	Damit das Kind zu Hause alle Materialien hat und am nächsten Schultag mit der Arbeit beginnen kann
Eigene(n) Namen, Adresse, Geburtstag, Telefonnummer kennen (auch die, unter der die Eltern tagsüber erreichbar sind)	Falls das Kind zum Beispiel auf dem Wandertag verloren geht
Wichtige Verkehrsregeln kennen	Damit das Kind gesund in der Schule ankommt
Eine Strecke zu Fuß laufen können, die dem doppelten Schulweg entspricht	Damit das Kind nicht völlig erschöpft in der Schule ankommt
Für die eigenen Materialien Verantwortung tragen und sachgemäß damit umgehen	Damit Stifte und Anspitzer zu gebrauchen sind
Einen Weg allein zurückfinden	Damit das Kind den Weg zur Toilette und zurück findet

So fördern Sie Ihr Kind

- Trauen Sie Ihrem Kind von Anfang an etwas zu.
- Achten Sie darauf, dass sich Ihr Kind spätestens ab dem vierten Geburtstag täglich alleine an- und auszieht oder – falls es sehr ungeschickt ist – dabei nur so viel Hilfe wie nötig erhält.
- Leiten Sie Ihr Kind zum Aufräumen seines Zimmers an, aber lassen Sie es mit dieser komplizierten Aufgabe nicht allein.
- Gehen Sie viel zu Fuß mit Ihrem Kind und erläutern Sie ihm dabei die Verkehrsregeln.

Der Mensch wächst mit seinen Aufgaben: Schulreife

Auf dem Abschlusstreffen am Ende der vierten Klasse fragte ich die Mitschüler meiner jüngsten Tochter, was ihrer Erfahrung nach das Wichtigste für einen Erstklässler sei, der nach den Sommerferien in die Schule kommt. Eigentlich wollte ich damit überprüfen, ob ich irgendeine Fertigkeit für Schulanfänger in meinem Buch vergessen hatte. Doch als ich die Antworten der Schüler (s. nachfolgender Kasten) hörte, war mir klar, was noch fehlte: eine anschauliche Darstellung von »Schulreife«. Und genau die lieferten die Kinder mit ihren Antworten. Und wer sollte besser wissen, was man für die Grundschule braucht als die Kinder, die sie gerade erfolgreich abgeschlossen haben?

Was ist das Wichtigste für Kinder am Schulanfang? – Antworten von Viertklässlern

- Kritik ertragen können
- Nicht neidisch sein, wenn andere etwas besser können
- Nicht traurig oder beleidigt sein, wenn man was nicht kann
- Sich beherrschen können (Wutausbrüche)
- Gut zuhören, was die Lehrer sagen
- Nachfragen können
- Geduld haben
- Still sitzen können
- Nicht dazwischenquasseln
- Schimpfen des Lehrers nicht zu Herzen nehmen
- Locker/gelassen bleiben
- Nicht lästern – niemanden ausschließen
- Ein Vorbild finden

Warum ist das wichtig?

Um im Schulalltag seelisch, geistig und körperlich im Gleichgewicht zu bleiben, sollte ein Schulkind über die genannten Fähigkeiten verfügen.

»Der Mensch wächst mit seinen Aufgaben«, lautet ein altes Sprichwort. Innerlich wachsen kann danach nur ein Kind, das auch Aufgaben hat. Die Umsetzung des 70er-Jahre-Ideals vom immer frei spielenden Kind bedeutet, dass das Kind völlig unvorbereitet in die Schule kommt, wo sehr strukturiertes Handeln und die Fähigkeit, Aufforderungen zu befolgen, erwartet werden.

Jeder Mensch neigt dazu, Tätigkeiten zu meiden, die er nicht beherrscht: So verpassen motorisch ungeschickte Kinder bei einem ständigen Freispielangebot die Chance, beim Malen und Basteln ihre geringe Begabung durch vermehrtes Üben zu kompensieren.

So fördern Sie Ihr Kind

- Jedes Vorschulkind sollte ein bis zwei feste Aufgaben im Haushalt haben, die auch eingefordert werden. So kann es die Erfahrung machen, dass notwendige Dinge getan werden müssen, auch wenn sie (gerade) keinen Spaß machen oder man lieber etwas anderes täte – eine wichtige Voraussetzung für schulisches Lernen.
- Wenn Ihr Kind etwas nicht gut kann: Beachten Sie mehr sein Bemühen als das Ergebnis. Zeigen Sie ihm, dass man jede Fertigkeit durch Üben verbessern kann und loben Sie kleine Fortschritte. So lernt ein Kind, sich selbst so zu akzeptieren, wie es ist, und auch Unvermögen auszuhalten.
- Fördern Sie soziale Kompetenz (s. Seite 73 ff.) und Selbstständigkeit (s. Seite 76 ff.).

✗ *Das Wichtigste in Kürze*

Schule ist nicht nur Lern-, sondern auch wesentlicher Lebensort von Kindern. Der Erwerb sozialer Fähigkeiten ist nicht nur für den sozialen Erfolg wichtig, sondern auch Voraussetzung dafür, dass der Kopf für das schulische Lernen frei ist. Kinder sollen Aufgaben haben und auch lernen, Dinge zu tun, zu denen sie im Moment keine Lust haben. In der Kindertagestätte können Kinder Strategien des Zusammenlebens erproben und erlernen.

Der richtige Zeitpunkt – Wann sollen Kinder was lernen?

Die meisten Tätigkeiten, die im ersten Teil zur Schulvorbereitung genannt wurden, sind für Kinder ab circa vier Jahren geeignet. Die Erziehung zur Selbstständigkeit beginnt aber schon ab der Geburt. Was Eltern ihrem Kind in den ersten Lebensjahren zutrauen (oder eben nicht), hat schon wesentlich Einfluss darauf, wie das Kind sich später selber erlebt. Mögliche Defizite können aber auch später noch korrigiert werden: Auch Eltern, die anfangs sehr unsicher und ängstlich mit ihrem Kind umgegangen sind, können ihr drei- oder fünfjähriges Kind noch erfolgreich zur Selbstständigkeit erziehen. Kinder sind oft anpassungsfähiger als Erwachsene, wenn es darum geht, sich auf neue Bedingungen einzustellen.

Aus meiner Erfahrung als niedergelassener Kinderarzt möchte ich Ihnen in diesem Teil Hinweise geben, wie Sie Ihr Kind in jedem Alter zwischen null und sechs Jahren in der Erlangung einer altersentsprechenden Selbstständigkeit und einem gesunden Selbstbewusstsein unterstützen können.

Bei Kindern zwischen null und drei Jahren geht es dabei meines Erachtens vor allem um die positive Grundstimmung, in der sich das Kind gut entwickeln kann. Für Kinder von drei bis sechs Jahren möchte ich Ihnen zwei spezielle »Förderprogramme« vorstellen: Das Anziehtraining für Kinder ab drei Jahren und das FamilienErgo-Training für Kinder ab etwa viereinhalb Jahren. Dieses Training greift in komprimierter Form die Hinweise zur häuslichen Förderung des ersten Teils auf. Mit nur sieben Tätigkeiten kann bereits der größte Teil der für die Schule erforderlichen Wahrnehmungs- und Selbstorganisations-Fähigkeiten trainiert werden.

Erziehung zur Selbstständigkeit im Alter von 0 bis 3 Jahren

Es gibt so viele hervorragende Bücher über den Umgang mit Säuglingen und Kleinkindern, dass ich mich in diesem Kapitel auf einige wenige Themen beschränken möchte, die die Entwicklung von Selbstständigkeit beeinflussen und in meiner kinderärztlichen Beratungspraxis einen besonderen Stellenwert gewonnen haben:

- Umgang mit Krankheiten
- Verhinderung von Unfällen
- Vermeidung von Stress

Meiner Erfahrung nach gibt es in diesen Bereichen viele Einstellungen, von denen sich viele Eltern im Zusammenleben mit ihren Kindern eher unbewusst leiten lassen. Beispiele für solche unbewussten und meist nicht überprüften Überzeugungen sind:

- Kinder müssen viel trinken.
- Wenn ein Kind nicht abführt, bekommt es Darmverschluss.
- Fieber sollte gesenkt werden.
- Wenn ein gestillter Säugling schreit, hat die Mutter etwas Falsches gegessen.

Problematisch werden diese Einstellungen, wenn sie mit Angst oder Schuldgefühlen verknüpft sind (siehe nachfolgendes Beispiel Jacqueline). Ein kritisches Hinterfragen solcher Überzeugungen kann dann zu mehr Gelassenheit und weniger Stress im Umgang mit dem Kind führen.

Jacqueline schreit

Die Eltern der drei Monate alten Jacqueline sind verzweifelt. Sie haben schon ein paar Nächte nicht geschlafen, waren schon zweimal in der Klinik und nun schreit Jacqueline seit Stunden. Besonders schlimm ist es, wenn Jacqueline versucht, abzuführen. Dann wird sie dunkelrot bis purpurfarben im Gesicht und presst und schreit und presst und schreit.

In Gesprächen wird deutlich, was den Eltern besonders zu schaffen macht: Jacquelines Oma, die selbst unter Verstopfung leidet, war schon einmal mit Darmverschluss in der Klinik und wäre daran fast gestorben. Nun ruft sie jeden Tag besorgt an und fragt, ob Jacqueline auch abgeführt hat.

Bei der körperlichen Untersuchung zeigt Jacqueline bis auf einen prallen Bauch keine besorgniserregenden Auffälligkeiten. Was die Eltern erleichtert, ist die Information, dass Kinder in der Regel keinen Darmverschluss von Verstopfung bekommen (sondern höchstens sehr unangenehme Bauchschmerzen) und dass man eine Verstopfung von einem Darmverschluss relativ leicht unterscheiden kann: Beim Darmverschluss erbricht das Kind gallig und hat keinen Windabgang, bei der Verstopfung spuckt es höchstens und hat in der Regel deutlich wahrnehmbare Winde. Als der Arzt auch noch erwähnt, dass Kinder in der Regel nicht schreien, weil die Mutter etwas Falsches gegessen hat (obwohl dies in Einzelfällen natürlich einmal vorkommen kann), fällt der Mutter ein weiterer Stein vom Herzen.

Bei einem Telefonat am nächsten Tag berichten die Eltern, dass das Kind nur noch zweimal in der Nacht kurz wach gewesen ist und problemlos abgeführt hat.

Solche »Sternstunden« kinderärztlicher Beratung habe ich schon einige Male erlebt. Sie zeigen, wie intensiv das Zusammenspiel zwischen Ängsten und Erwartungen der Eltern einerseits und körperlichen Funktionen des Kindes (übermäßige Anspannung des Schließmuskels) andererseits ist.

Manchmal hat die Wahrnehmung kindlicher Symptome etwas mit dem in der eigenen Kindheit Erlebten zu tun: Wer als Kind den Asthma- oder Kruppanfall eines Geschwisterkindes miterlebt hat, wird vermutlich stärker beunruhigt sein, wenn das eigene Kind nachts vom Husten erwacht, als Eltern, denen diese Erfahrung erspart geblieben ist. Wer sich bewusst macht, welche Erinnerungen damit hervorgerufen werden, hat den ersten Schritt zu einem entspannteren Umgang mit dem eigenen Kind schon getan.
Natürlich können in einem solchen Buch keine Handlungsanweisungen für den Einzelfall gegeben werden. Es handelt sich hier um Hinweise, mit welchen grundsätzlichen Einstellungen Eltern dazu beitragen können, dass sich ihre Kinder zu selbstständigen und alltagskompetenten Menschen entwickeln. Bei individuellen medizinischen Fragestellungen kontaktieren Sie bitte Ihren (Kinder-)Arzt, der Ihnen auch Ansprechpartner in erzieherischen Fragen nennen kann.

Fieber, Durst und Durchfall: Kompetenzförderung im Säuglings- und Kleinkindalter

In diesem Kapitel lesen Sie, wie Sie schon das Selbstvertrauen eines Säuglings und Kleinkindes im Alltag fördern können, indem Sie ihm zutrauen, dass es seine Bedürfnisse selbst wahrnehmen kann.
Alle Säuglinge und Kleinkinder erleben Müdigkeit, Hunger, Durst und Krankheit. Sie erfahren auch, was es heißt, satt zu sein, einzuschlafen und erfrischt aufzuwachen, und wie gut es sich anfühlt, wieder gesund zu sein. Die Fähigkeit, Hunger, Durst, Müdigkeit und Schmerzen zu empfinden

und mitzuteilen, ist genauso angeboren, wie der Drang zu atmen. Eigentlich gibt es also keinen Grund, sich näher Gedanken darüber zu machen, ob ein gesundes Kind genug isst, trinkt und schläft.

Andererseits wimmelt es in unserer Gesellschaft von Normwerten. Auf jeder Packung Babynahrung, in jeder Elternzeitschrift und jedem Ernährungsratgeber werden Eltern damit konfrontiert, was ein Kind denn »normalerweise« in seinem Alter essen oder trinken sollte. Da die biologische Vielfalt des Menschen aber viel mehr Varianten kennt, als in einem Normwert ausgedrückt werden könnte, ist es nicht verwunderlich, dass die Besorgnis über »Normabweichungen« des Kindes eine zentrale Rolle in den Gesprächen auf Spielplätzen, in Elterngruppen und Kinderarztpraxen spielt. Je mehr Normen und Richtwerte existieren, umso mehr Abweichungen kann man auch feststellen: Fast jedes Kind isst und trinkt regelmäßig oder vorübergehend weniger als der vermutete oder nachgelesene Normwert, ist schwerer oder leichter, größer oder kleiner, und beim Erlernen einer Fähigkeit schneller oder langsamer als die anderen gleichaltrigen Kindern.

Natürlich ist das Vergleichen eines Kindes mit dem Rest der Altersgruppe eine wichtige Voraussetzung, um Krankheiten oder behandlungsbedürftige Störungen zu erkennen. Interessanterweise ist aber die Gruppe der (gesunden) Kinder, deren Eltern sich über normabweichende Eigenschaften Sorgen machen, um ein Vielfaches größer als die Gruppe der Kinder, deren »Normabweichungen« tatsächlich auf eine Krankheit hindeuten.

Anders ausgedrückt: Es gibt nichts Normaleres, als in irgendeinem Bereich von der »Norm« abzuweichen, und

nichts »Unnormaleres« als in allen Bereichen normal zu sein.
Diese Erkenntnis kann für den Lebensweg eines Kindes entscheidend sein. Wenn ein Kind mit der Anlage zu weniger Durst, weniger Appetit oder zu zarterem Körperwuchs geboren wird, so werden die Eltern vermutlich anfangs immer etwas mehr zu trinken oder zu essen anbieten, als das Kind benötigt. Wenn die Eltern die Sättigungssignale des Kindes richtig deuten können, werden sie dem Kind nach einiger Zeit nur noch so viel anbieten, wie es tatsächlich benötigt. Wenn die Eltern sich auf die Normwertangaben aber mehr verlassen als auf die Signale des Kindes, dann suggerieren sie dem Kind möglicherweise über Jahre unbewusst eine Negativ-Botschaft: »Du bist nicht richtig so, so wie du bist. Was du an Sättigung spürst, ist falsch! Dein Gefühl stimmt nicht!«
Wie wird sich wohl ein Kind entwickeln, welches täglich diese Botschaft hört oder sie in den Augen der Eltern liest?

Normabweichung »Krankheit«

Auch jede Erkrankung ist eine Normabweichung, bei der das Kind sich plötzlich anders verhält als sonst. Mit diesen Veränderungen können Eltern sehr unterschiedlich umgehen, wie die Gegenüberstellung der beiden nachfolgenden Beispiele zeigt.

Akuter Virusinfekt in der Familie Sorgenfroh

»40 Grad Fieber«, Herr Sorgenfroh steht stolz am Bett seiner Tochter, »sie ist so stark!« »Ist es nicht ein Wunder?«, ergänzt seine Frau, »sie kann noch nicht sprechen, sie weiß nichts davon, dass die meisten Viren sich bei Fieber schlechter vermehren als bei 37 Grad, dass das Abwehrsystem aber zur Höchstform aufläuft. Sie kann noch nicht krabbeln, aber jongliert schon mit Dutzenden von Stoffwechselprozessen, die ihren Appetit herunterregeln und ihre Energiespeicher in Leber und Muskel aktivieren. Sie trinkt genau so viel, wie sie muss, um trotz Durchfalls nicht auszutrocknen, aber so wenig, dass sie nicht erbricht.« »Und guck mal jetzt«, unterbricht sie ihr Mann: »Sie schafft es, zu husten, ohne dabei aufzuwachen. Ist es nicht fantastisch, wie viele Möglichkeiten sie hat, die Krankheitserreger durch vermehrte Schleimbildung einfach herauszuspülen?« »Das stimmt schon«, erwidert Frau Sorgenfroh, »aber am besten gefällt sie mir doch, wenn sie alles überstanden hat. Es ist doch schön zu sehen, wie das Fieber nach wenigen Tagen von allein sinkt und sie ein paar Tage lang bei jeder Mahlzeit Nachschlag verlangt, bis sie alles wieder aufgeholt hat, als ob sie einen integrierten Kalorienzähler mit Auto-Stopp-Funktion hätte.« »Ja, den würde ich mir auch manchmal wünschen«, lacht Herr Sorgenfroh.

Akuter Virusinfekt in der Familie Sorgenvoll

Im Nachbarhaus wohnt Familie Sorgenvoll und schildert den Verlauf eines ähnlichen Infektes am folgenden Morgen beim Kinderarzt: »Unsere Tochter hat die ganze Nacht immer wieder gehustet – nichts hat geholfen und wir haben kein Auge zugetan. Seit zwei Tagen isst sie nichts und zum Trinken müssen wir sie zwingen, die Nase läuft pausenlos und Durchfall hatte sie auch noch. Wenigstens das Fieber haben wir mit Zäpfchen kurz in den Griff bekommen, aber kaum lässt die Wirkung nach, steigt es wieder an.«

Zwei ähnlich verlaufende Virusinfekte, mit dem Unterschied, dass die ersteren Eltern die Genesungskraft ihres Kindes bewundern. Die anderen Eltern sehen die Versuche des Kindes, mit Fieber, Husten und Durchfall das Virus loszuwerden, als Krankheitssymptome, die es möglichst bald zu unterdrücken gilt. Natürlich können alle diese Symptome auch krank machen: Husten und Schnupfen können dem Kind den Schlaf rauben, Durchfall und Erbrechen können zur Austrocknung führen, Fieber kann auch Zeichen einer bedrohlichen Erkrankung sein und Eltern sind gut beraten, den Kinderarzt im Zweifel lieber einmal zu oft als einmal zu wenig zu konsultieren.
Die seltenen Komplikationen sollten aber nicht übersehen lassen, dass die allermeisten Kinder die allermeisten Infekte mithilfe ihrer Selbstheilungskräfte ohne jede (oder trotz aller) Medikation von allein überstehen. Wenn man bedenkt, wie schwer Erwachsene erkranken, wenn sie sich mit (auch

für Kinder nicht immer harmlosen) »Kinderkrankheiten« wie Windpocken oder Scharlach infizieren, ahnt man, wie stark diese Kräfte sind.

Ab wann sollte man Fieber senken, Herr Kollege?

Diese Frage wurde mir anlässlich der Prüfung zum Facharzt für Kinderheilkunde gestellt. Daraus entwickelte sich das folgende Gespräch:

»Ja, so ab 40 Grad«, antwortete ich vorsichtig. In der Klinik hatten wir oft schon ab 39 Grad das Fieber gesenkt, es schien mir aber günstiger, hier lieber einen höheren Wert zu nennen. »Warum denn?«, setzte der Prüfer, ein erfahrener niedergelassener Kinderarzt, nach. »Ist denn Fieber über 40 Grad gefährlich?« »Nein, erst ab 42 Grad.« »Bei welchen Erkrankungen könnte denn ein Kind so hohes Fieber bekommen?«, wollte der Prüfer wissen. Jetzt fühlte ich mich wieder sicher: »Bei schweren Infektionen, wie zum Beispiel Lungenentzündung oder Hirnhautentzündung.« »Richtig«, bestätigte der Kinderarzt, »aber wäre es nicht besser, wenn Sie diese Krankheiten diagnostizieren, anstatt das Fieber zu senken, das auf die Krankheit hinweist?« »Natürlich wäre das besser«, pflichtete ich bei.
»Ab wann sollte man dann also Fieber senken, Herr Kollege?« »Viele Kinder haben Schmerzen, wenn sie Fieber haben«, rechtfertigte ich mich, »und dann würde ich schon Fieber senken.« »Natürlich, Herr Kollege. Schmerzen lindern ist eine wichtige ärztliche Aufgabe. Aber nicht alle Kinder haben beim Fieber Schmerzen. Warum wollen Sie das Fieber senken?«

Ich zog mein letztes Ass aus dem Ärmel: »Fieber senken ist auch wichtig zur Vorbeugung eines Fieberkrampfes!« »Stimmt das wirklich?«, fragte der Praktiker nach, »kennen Sie eine einzige Untersuchung, die zeigt, dass Fiebersenkung Fieberkrämpfe verhindert?« Ich blickte Hilfe suchend zu den beiden anderen Prüfern, zwei Professoren aus renommierten Kliniken. Doch auch sie schüttelten den Kopf. »Nein, kenne ich nicht«, musste ich eingestehen, »eigentlich gibt es keinen vernünftigen Grund, Fieber zu senken.«
»Merken Sie sich eins: *Das Fieber ist dazu da, die Krankheiten zu bekämpfen, und die Mütter sind nicht dazu da, das Fieber zu bekämpfen*«, fasste der erfahrene Praktiker seine Botschaft zusammen.
Das war im Oktober 1995. Ich habe damals die Prüfung bestanden, mir den Satz des Kollegen gemerkt und hunderte Male weitererzählt. In über zehn Jahren Praxistätigkeit habe ich nicht ein einziges Kind erlebt, das so hoch gefiebert hätte, dass es sich selbst durch Fieber geschadet hat.

Eine Infektion kann man daher nicht nur als Attacke eines heimtückischen Virus auf ein wehrloses Kind interpretieren, sondern auch als ein Feuerwerk kindlicher Genesungskompetenz.

Was hat das mit Schulreife zu tun?

Wie wird sich wohl ein Kind entwickeln, das bei jedem seiner vielen Dutzend Infekte, Erkältungen und Erkrankungen in das Gesicht besorgter und ängstlicher Mütter und Väter blickt, die sich fragen:

- »Wie kann ich nur das Fieber in den Griff bekommen?«
- »Wird mein Kind mit so wenig Essen den Infekt auch heil überstehen?«
- »Hat es auch genug zuzusetzen?«

Und wie viel selbstsicherer wird sich ein Kind entwickeln, dem die Eltern zutrauen, dass sein Immunsystem mithilfe von Fieber, Husten, Schnupfen und Durchfall die Erreger gnadenlos in die Flucht schlägt?
Elterliche Sorge ist überlebenswichtig für Kinder, aber:

- Machen Sorgen Kinder schneller gesund?
- Welches Kind isst besser, wenn die Eltern mehr auf den Teller geben, als das Kind schaffen kann?
- Ist schon mal ein Kind verdurstet, wenn man ihm nur Wasser und Tee angeboten hat?

Beim Essen, Trinken und Schlafen spürt das Kind täglich die Haltung seiner Eltern. Halten sie es für kompetent, seine körperlichen Bedürfnisse wahrzunehmen und zu äußern? Oder glauben die Eltern, das Kind irre sich, wenn es zeigt, dass es genug gegessen, getrunken oder geschlafen hat?
Wenn ich dieses Thema in der Sprechstunde anspreche, entgegnen die Eltern oft: »Das bekommt das Kind doch noch gar nicht mit.« Das ist vordergründig richtig. Ein Kleinkind kann sich noch keine differenzierten Gedanken zu den Sorgen seiner Eltern machen. Dafür verfügen Babys und Kleinkinder aber über umso feinere Antennen für die Schwingungen in ihrer Umwelt. Das kann man zum Beispiel beobachten, wenn die erfahrene Hebamme zu dem seit Stunden schreienden Säugling kommt. Die Eltern entspannen sich (»Jetzt wird uns endlich geholfen«), das Kind spürt

die Sicherheit im Griff der Hebamme, wird neugierig und hört auf zu schreien.
»Achte also auf deine Gedanken«, sagt der Talmud:

> Achte auf Deine Gedanken, denn sie werden Deine Worte.
> Achte auf Deine Worte, denn sie werden Deine Taten.
> Achte auf Deine Taten, denn sie werden Deine Gewohnheiten.
> Achte auf Deine Gewohnheiten, denn sie werden Dein Charakter.
> Achte auf Deinen Charakter, denn er wird Dein Schicksal.
> Achte also auf Deine Gedanken.

✗ *Das Wichtigste in Kürze*

Hunger, Durst und Fieber sind unvermeidbare und wichtige Erfahrungen für alle Kinder. Wenn Eltern um die vielfältigen Möglichkeiten der kindlichen Selbstregulation wissen, können sie Kindern in den ersten Lebensjahren wichtige Botschaften vermitteln:

- »Was du an Hunger, Durst und Schmerz fühlst, ist richtig.«
- »Es ist in Ordnung, wenn du nicht dem Normwert entsprichst.«
- »Du trägst in dir die Kraft, gesund zu werden.«

Der richtige Umgang mit Hunger, Durst und Krankheiten im Kindesalter ist eine wichtige Möglichkeit, dem Kind das Gefühl zu geben, kompetent und lebenstauglich zu sein.

Stress vermeiden

Aktion kindersicheres Haus

Wenn Kinder gegen Ende des ersten Lebensjahres mobil werden, beginnt ein neuer Abschnitt des Großwerdens: unendlich spannend für die Kinder, unendlich anstrengend und manchmal zermürbend für die Erwachsenen. Ständig sind die Kleinen dabei, sich an irgendetwas hochzuziehen, auf etwas zu klettern oder die Geduld der Eltern mit Betätigung von Lichtschaltern und Knöpfen oder dem Ziehen an Pflanzen auf eine harte Probe zu stellen.

Wirklich ruhig geht es wahrscheinlich in keinem Haushalt zu, in dem ein gesundes Kind diesen Alters lebt. Das ständige Ausprobieren ist unverzichtbar für die weitere Entwicklung. Bei genauerem Hinsehen ist aber ein Teil des elterlichen Stresses »hausgemacht«, nämlich Folge der vielen zivilisatorischen Errungenschaften, die wir in unseren Haushalten haben: Backofen und Herd, Schubladen und Türen, heißes Wasser aus der Leitung, frei stehende Regale und Treppen, um nur einige zu nennen. Neben diesen wirklich gefährlichen Punkten gibt es dann noch die Dinge, die Eltern einfach nerven, obwohl sie das Kind nicht gefährden: die Stereoan-

lage, die auf volle Lautstärke gestellt wird, der Videorekorder, den man vor Fütterung mit Leberwurstbrot bewahren muss, und der PC, bei dem das unbedachte Ausschalten die Arbeit von Stunden zunichte machen kann.
Für junge Eltern ist es daher sehr wichtig, ihren Haushalt kindersicher zu machen. Es sollte mindestens einen Raum geben, in dem das Kind sich frei bewegen kann, ohne ständig ermahnt werden zu müssen. Dies bietet große Vorteile:
Gefährliche Unfälle werden verhindert.
Das Leben wird (etwas) stressfreier.
Das scheinbare Provozieren durch das Wiederholen von Verbotenem wird leicht zum Teufelskreis. Kinder fassen ausgesprochene Verbote häufig wie eine Aufforderung zu einem Spiel auf. Die typische Reaktion eines Einjährigen auf das Wort »nein«: kurz zur Mutter umdrehen, grinsen und gleich noch einmal versuchen. »Er will ja nur Aufmerksamkeit«, sagen Eltern dann oft, und sie sagen es oft so, als ob der Wunsch nach Aufmerksamkeit etwas Unlauteres wäre. Ohne diesen offensichtlich biologisch programmierten Wunsch nach Aufmerksamkeit könnte aber kein Kind sprechen lernen. Aus den vielen Silbenketten, die ein Kind ab dem siebten Monat produziert, wird ja nur deshalb das Wort »Mama«, weil das Kind erfahren hat, dass die nette Frau, die ihm immer zu essen gibt, noch ein bisschen mehr lächelt als sonst, wenn man sie so nennt.
Und wenn man als Eltern mal ganz ehrlich ist, dann wird man zugeben müssen, dass man unwillkürlich lachen musste, als das Kind zum ersten Mal die Fernbedienung richtig bedient hat, oder stolz war, als es die erste CD eingelegt hat. Auch bei den ersten drei Aufforderungen, den Lichtschalter

in Ruhe zu lassen, haben liebevolle Eltern oft einen Unterton, der sagen will: »Na, du kleiner süßer Schelm, ob du wohl hören wirst?«. Da ist es doch kein Wunder, wenn Kinder die Welt nicht mehr verstehen, wenn aus Spiel plötzlich ernst wird und die Mutter auf einmal sehr laut wird. Das erlebt dann nicht nur die Mutter, sondern auch das Kind als Stress. Ein gesundes Kind wird versuchen, Stress durch Bewegung abzubauen (das würde vielen Erwachsenen auch guttun) und schon schließt sich der Teufelskreis vom hyperaktiven Kind. Aber dieser Kreislauf kann auch zurückgedreht werden: Der Verzicht auf viele Vorsichtsbotschaften durch eine kindersichere Wohnung, klare Anweisungen und wenige Verbote, die aber durchgesetzt werden, bringen allen Beteiligten wieder mehr Ruhe (siehe dazu auch »›Muttertaubheit‹: Schlecht hören kann er gut!«, Seite 150 ff.).

Kinder lernen Sprache als etwas Positives kennen.

Es wäre einmal interessant zu zählen, wie oft Kinder im Alter bis zu drei Jaren positive und wie oft negative sprachliche Nachrichten erhalten. Alle (notwendigen) einschränkenden Äußerungen eines Tages wie »Pass auf!«, »Komm da sofort runter!«, »Lass das!«, »Leg das hin!« müsste man dafür zusammenzählen. Gegenüberstellen müsste man dann die positiven Botschaften, Koseworte, Lob, gemeinsames Vorlesen und Singen. Man kann sich fragen, ob ein durchschnittlicher Haushalt nicht unterdessen so viele Gefahren enthält, dass die Warnungen überwiegen. Und man kann sich fragen, was es für die Sprachentwicklung eines Kindes bedeutet, wenn ein Kind erfährt, dass Sprache vor allem eingesetzt wird, um einschränkende Botschaften zu transportieren.

Gemeinsame Mahlzeiten

Essen und Trinken hält Leib und Seele zusammen, sagt ein altes Sprichwort. Gemeinsame Mahlzeiten sind eine der wichtigsten sozialen Erfahrungen, die Kinder machen können. Leider bergen sie auch die größten Stresspotenziale. Es ist schon schwer genug, dem Bewegungsdrang von Kindern Rechnung zu tragen und einen vernünftigen Kompromiss zwischen selbstständigem Essen und Riesenmatscherei zu finden. In einem Punkt können Eltern sich jedoch manchen Stress ersparen: bei der Essmenge. Meine Faustregel hierzu lautet:

- Die Eltern entscheiden, *was* gegessen wird (und versuchen dabei einen vernünftigen Kompromiss zwischen den Vorlieben des Kindes, ausgewogener Ernährung und den Bedürfnissen der anderen Familienmitglieder zu finden – s. dazu auch: »Pizza ist gesund«, Seite 98).
- Das Kind entscheidet, *wie viel* es ist.

Bei hartnäckigen Essverweigerern ist es wichtig, das Nicht-Essen nicht noch durch das ganze Repertoire von »Nur noch einen Löffel für Mama«-Spielchen zu belohnen. Dabei hat sich folgendes Vorgehen bewährt:
Das Kind soll bei jeder Mahlzeit mit dabei sein, bekommt aber nur ein winziges Bisschen Nahrung auf seinen Teller, zum Beispiel ein 1 mal 1 cm großes Stück belegtes Brot. Wenn es dieses aufgegessen hat, wird es gelobt (»Prima, du hast deinen Teller leer gegessen«) und darf wählen, ob es noch mehr möchte. Falls nicht, essen die Erwachsenen genussvoll weiter. Das Kind darf auch aufstehen, wenn es genug gegessen hat. Bis zur nächsten Mahlzeit darf es so viel

Pizza ist gesund!

Pizza ist oft eine ausgezeichnete Lösung für den Konflikt zwischen den Essenswünschen der Kinder und den Ernährungsvorstellungen der Erwachsenen: Pizza »Hawaii« mit Ananas und Schinken ist kohlenhydratreich, enthält eventuell sogar Vollkornmehl (wenn Sie den Teig selber zubereiten), Gemüse, Gewürze, Obst, Fleisch, Milch – und somit etwas aus allen Nahrungsgruppen. Gemeinsam Pizza backen ist viel befriedigender als ein appetitzügelnder Vortrag über vollwertige Ernährung. Nörgelei beim Essen ist nach dem Streit ums Aufräumen das Stressthema Nummer zwei in deutschen Haushalten. Entschärfen Sie diesen Konfliktherd, damit das gemeinsame Essen und Trinken Leib und Seele tatsächlich zusammenhalten können. Auch wenn Ihr Kind dadurch häufig Pizza zu Mittag isst.

Wasser oder Tee trinken, wie es möchte. Auf diese Weise belohnt man das Aufessen des Kindes. Sollte sich der Appetit des Kindes innerhalb von drei Tagen allerdings nicht bessern, sollte doch sicherheitshalber der Kinderarzt aufgesucht werden.

Essen soll vor allem eine Quelle der Freude sein. Stress geht auf den Magen und führt bei dünnen Menschen zu Appetitverlust, bei den Dicken zu Frustessen. Stress bewirkt meist das Gegenteil des Gewünschten. Wenn Sie dauerhaft Stress beim Essen haben, suchen Sie sich Hilfe bei Ihrem Kinderarzt, einer Erziehungsberatungsstelle oder in einem Elterntraining.

Kleider machen Leute – Das Anziehtraining

Das tägliche Intensiv-Training der Wahrnehmung ab dem dritten Geburtstag heißt: alleine anziehen!

Keine andere Übung schult so viele grundlegende Fähigkeiten in kürzester Zeit: Grob- und Feinmotorik, bilaterale Koordination, Kinästhetik, Körpereigenwahrnehmung, Gleichgewicht, Handlungsplanung, räumliche Orientierung, Selbstständigkeit und Selbstbewusstsein werden in täglich zehn Minuten trainiert. Diese Möglichkeit, seine Fähigkeiten zu üben und auszubauen, sollte keinem Kind vorenthalten werden.

Es gibt natürlich viele »gute« Gründe, das Kind anzuziehen. Hier einige Beispiele:

- Das Kind trödelt so lange, bis die Mutter es anzieht.
- Die Eltern möchten gerne die Bekleidung ihres Kindes kontrollieren.
- Es geht schneller, das Kind anzuziehen.
- Den Eltern ist es nicht bewusst, wie wichtig es ist, dass sich das Kind selbst anzieht.
- Die Eltern möchten dem Kind die Erfahrung ersparen, dass man friert, wenn man sich nicht anzieht (viele Kinder, die immer angezogen werden, wissen überhaupt nicht, warum sie sich selbst anziehen sollten, da sie diese Erfahrung noch nie machen durften).

Für das Kind kann das Trödeln beim Anziehen bedeuten, dass es zusätzliche Aufmerksamkeit in Form vieler Ermahnungen bekommt. Und für viele Kinder ist negative Aufmerksamkeit besser als keine.
Vielleicht spürt ein Kind auch, dass Mama oder Papa (bei allem Stolz über ihr Kind) auch ein wenig traurig wären, wenn dieser süße Zwerg, der gestern noch ein Baby war, morgen schon groß und selbstständig wäre und die Eltern sich von der Kleinkindzeit verabschieden müssten – was immer ein bisschen wehtut.
Es gibt also auf beiden Seiten viele gute Gründe, alles beim Alten zu lassen. Wenn Sie als Eltern möchten, dass Ihr Kind in Zukunft von den vielfältigen Erfahrungen profitiert, die das selbstständige Anziehen mit sich bringt, können Sie in drei Schritten vorgehen:
Schritt 1: Der Entschluss
Schritt 2: Das Ziel festlegen
Schritt 3: Die Anziehstraße

Schritt 1: Der Entschluss

Stellen Sie sich vor,

- wie schön es wäre, wenn Ihr Kind sich allein anzieht, während Sie im Bad sind oder das Frühstück vorbereiten;
- wie stolz Sie wären, wenn die Erzieherin im Kindergarten beim Abholen sagt: »Ihr Kind hat sich beim Essen Kakao über die Hose geschüttet – und hat sich ganz allein umgezogen«;

- wie viel Stress Sie sich ersparen könnten, wenn die Erinnerungen und Diskussionen ums Anziehen entfallen würden.

Vergegenwärtigen Sie sich, dass Ihr Kind früher oder später ohnehin lernen muss, sich allein anzuziehen, und dass Sie die Zeit, die Sie jetzt investieren, mit Zinsen zurückerhalten, wenn das Kind sich allein anzieht.
Sind das für Sie gute Gründe, um sich von der (lieb gewonnenen?) Angewohnheit zu verabschieden, dem Kind beim Anziehen zu helfen? Wollen Sie das wirklich? Wenn ja, dann haben Sie den entscheidenden Schritt bereits vollzogen.
Wenn Sie Ihr Kind gemeinsam erziehen, sollten Sie jetzt Ihren Partner überzeugen, damit Sie oder er mit Ihnen an einem Strang zieht. Wenn Ihr Partner im Moment kein Interesse hat, die Situation zu verändern, dann bitten Sie ihn, Ihnen wenigstens nicht in den Rücken zu fallen.

Schritt 2: Das Ziel festlegen

Sprechen Sie mit Ihrem Kind über das Anziehtraining.
- Sagen Sie ihm, dass Sie es nun für groß genug halten, sich selber anzuziehen.
- Loben Sie die Fähigkeiten und Selbstständigkeit Ihres Kindes in anderen Bereichen (Dreirad fahren, auf dem Spielplatz außer Sichtweite der Mutter spielen, alleine kurze Zeit bei Oma oder Freunden bleiben können, selbstständiges Essen und Ausziehen, sofern Ihr Kind dies schon praktiziert).

- Erklären Sie ihm, dass es das Anziehen genauso lernen wird wie die anderen Tätigkeiten und dass es am Anfang nur die Unterhose allein anzuziehen braucht.
- Legen Sie gemeinsam fest, womit Sie das Erreichen des Ziels feiern wollen: eine Wackelpudding-Party, ein Nachmittag im Schwimmbad, ein Besuch im Freizeitpark oder etwas anderes, das Ihrem Kind wichtig ist.
- Malen Sie die einzelnen Kleidungsstücke in der Reihenfolge der Anziehstraße auf ein Blatt Papier (oder kopieren Sie die Illustration von Seite 103).
- Schneiden Sie gemeinsam ein Bild des Ziels aus einem Prospekt oder einer Zeitschrift aus, wo Sie zusammen nach Erreichen des Ziels »allein anziehen« hingehen wollen, und kleben Sie es unterhalb der Kleidungsstücke auf dasselbe Blatt Papier.
- Hängen Sie das Blatt dort auf, wo Ihr Kind sich immer anzieht, damit es sehen kann: Wenn ich mich komplett allein anziehen kann, gehen wir zu diesem Ziel.
- Zeigen Sie Ihrem Kind den »Anziehstern«, den Sie am Ende des Buches finden – dort als Leuchtsticker, den Ihr Kind aus dem Buch heraustrennen und an beliebiger Stelle anbringen darf, wenn es sich vollständig allein anziehen kann.

Schritt 3: Die Anziehstraße

Anziehen ist leicht – Anziehen lernen ist schwer. Legen Sie alle Kleidungsstücke, die Ihr Kind an diesem Tag tragen soll, in der richtigen Reihenfolge nebeneinander auf sein Bett oder auf den Fußboden. Legen Sie die Kleidungsstücke immer in der gleichen Reihenfolge hin:
Unterhose – Unterhemd – T-Shirt – gegebenenfalls Leggins/ Strumpfhose – Hose/Rock – Socken – Schuhe.

Nutzen Sie dann das Zaubermittel erfolgreicher Therapeuten: Zerlegen Sie komplexe Tätigkeiten in kleinste bewältigbare Schritte. Lassen Sie Ihr Kind anfangs nur die Unterhose alleine anziehen, und ziehen Sie ihm den Rest an, bis es den ersten Schritt »Unterhose anziehen« bewältigt hat. Wenn es dies beherrscht, darf Ihr Kind auf dem großen Blatt mit dem Ziel die Unterhose anmalen. (Wenn Ihr Kind ungern malt, reicht auch ein Strich zum Abhaken.) Nehmen Sie dann das nächste Kleidungsstück in Angriff.

Unterhose: Ein schneller Erfolg am Anfang gibt Ihrem Kind Zuversicht, das Ziel auch erreichen zu können. Dennoch liegt die Tücke im Detail: Nicht alle Unterhosen haben ein Wäscheschildchen auf der Rückseite, an dem man sich orientieren kann. Manche sind elastisch, manche ganz schön eng. Erst wenn Ihr Kind eine Woche lang verschiedene Modelle bewältigt hat, gehen Sie zum nächsten Schritt über.

Unterhemd: Dies ist eine große Herausforderung für das dreidimensionale Vorstellungsvermögen eines Kindes. Ständig eröffnen sich neue Möglichkeiten, durch die man einen Arm stecken könnte. Das genaue Hinsehen wird durch die Nähe zum Kopf erschwert. Bei dieser Übung braucht Ihr Kind viel Zuspruch und Ermutigung und wahrscheinlich am Anfang auch immer wieder kleine Hilfen, nach dem Motto: So viel Selbstständigkeit wie möglich, so viel Hilfe wie nötig. Wenn Ihr Kind immer wieder am Unterhemd verzweifelt, prüfen Sie die Möglichkeit, die Unterhemden nach und nach durch T-Shirts aus atmungsaktivem Gewebe zu ersetzen und Ihrem Kind das Ringen mit dem Unterhemd zu ersparen. Wenn es regelmäßig alle anderen Kleidungsstücke allein anzieht, ist dies viel besser für sein Geschick, als wenn es am Unterhemd scheitert und deshalb das ganze Anziehen ablehnt.

T-Shirt: Wer seine Fähigkeiten am Unterhemd erprobt hat, wird beim T-Shirt schnell Erfolg haben, und darf ein weiteres Kleidungsstück auf der Liste anmalen.

Leggins/Strumpfhose: Wenn Sie es irgendwie ermöglichen können, ersparen Sie Ihrem Kind das Anziehen der Strumpfhose und kaufen Sie ein paar Leggins (Strumpfhose ohne

Füße). Leggins sind viel leichter anzuziehen und bei verschwitzten Füßen kann man leichter die Socken wechseln als die ganze Strumpfhose auszuziehen. Wenn das Anziehen der Strumpfhose zurzeit unverzichtbar ist, Ihr Kind aber (wie viele Kinder im Vorschulalter) Schwierigkeiten beim Anziehen hat, dann lassen Sie die Strumpfhose aus dem Anziehtrainng heraus und ziehen Sie Ihrem Kind die Strumpfhose an.

Strumpfhose – muss das sein?

Eigentlich brauchen Kinder nur an den Tagen etwas Langes unter der Hose zu tragen, an denen die Erwachsenen auch eine lange Unterhose anziehen, also nur an wenigen Tagen des Jahres. Bedenken Sie bei der Auswahl der Kleidung, dass Kinder meist einen größeren Bewegungsdrang haben als Erwachsene. Dass Kinder seltener krank werden, wenn sie warm angezogen werden, konnte nie bewiesen werden. Der fragliche Vorteil der größeren Wärme wird durch den Nachteil des übermäßigen Schwitzens relativiert. Wenn Ihr Kind leicht kalte Hände oder Füße hat, gönnen Sie ihm lieber zwei- bis dreimal pro Woche ein wechselwarmes Fußbad. Für das Sitzen im Sandkasten ziehen Sie lieber eine Buddelhose über, die leichter an- und auszuziehen ist als eine Strumpfhose.

Pullover: Jetzt ist ein guter Moment, diejenigen Pullover und Sweatshirts auszusortieren, bei denen der Weg über den Kopf einem Überlebenstraining gleichkommt. Jedes Ding hat seine Zeit, heißt es schon in der Bibel, und das gilt auch für selbst gestrickte Lieblingspullover von der Oma. Bei einem ausreichend weiten und warmen Pulli wird Ihr Kind mit der T-Shirt-Strategie rasch Erfolg haben und darf wieder ein Kleidungsstück auf der Liste abhaken.

Hose: Wenn Ihr Kind auch den Verschluss schließen kann, sollten Sie dies besonders lobend hervorheben. Falls nicht, darf die Hose auf dem Zettel trotzdem angemalt werden. Wer sich jeden Tag bis auf den Hosenknopf alleine anzieht, wird höchstwahrscheinlich nach wenigen Wochen allein versuchen, diese letzte Hürde zur Selbstständigkeit auch noch zu nehmen.

Socken: Die letzte Herausforderung für Feinmotorik und Körpergefühl stellt das Anziehen der Socken dar. Achten Sie beim Kauf auf ausreichende Elastizität und sortieren Sie zu klein gewordene Exemplare aus.

Schuhe: Klettverschlüsse ermöglichen kinderleichtes Hereinschlüpfen und bewirken rasche Selbstständigkeit. Nach der KiKAPS-Studie (s. Seite 109 f.) konnte erst mit fast sieben Jahren mindestens die Hälfte der Kinder die Schleife binden; demnach ist dies keine typische Fähigkeit eines Vorschulkindes. Andererseits zeigte die KiKAPS-Studie auch: Wer sich die Schleife binden konnte, schnitt auch im Lehrerurteil über die Grafomotorik besonders gut ab.

Das Wichtigste beim Erlernen des selbstständigen Anziehens ist jedoch, die Latte nicht zu hoch hängen: Wer alle Kleidungsstücke außer Strumpfhose, Hosenknopf und Schleife allein bewältigt, sollte entsprechend gefeiert werden.

Vom Umgang mit Wünschen

Wenn Ihr Kind gerne mitbestimmen möchte, was es anzieht, respektieren Sie diesen Wunsch. Legen Sie fest, dass Ihr Kind ein oder zwei Kleidungsstücke der Unterbekleidung (zum Beispiel Unterhose, Unterhemd/T-Shirt) selbst aussuchen darf und Sie dafür den Rest bestimmen dürfen. Respektieren Sie dann den Wunsch Ihres Kindes, genauso, wie Sie verlangen, dass Ihr Kind Ihre Auswahl ohne Diskussionen hinnimmt. Ein bisschen Murren ist natürlich; Ihr Kind soll ja lernen, seine Wünsche zu äußern, aber auch lernen, dass nicht alle erfüllt werden können. Nehmen Sie Ihre Elternrolle deshalb als Manager des Kindes wahr: Es bedarf vieler Entscheidungsschritte aufgrund der aktuellen Temperaturen, des Wetterberichts und des Tagesprogramms, die geeignete Kleidung auszuwählen – damit ist ein Vorschulkind in der Regel überfordert.

Topfit für die Schule durch Mitarbeit im Haushalt

Im ersten Teil des Buches wurden die Schulvoraussetzungen erläutert und es wurde auf Fördermöglichkeiten im Alltag hingewiesen. Das Ziel des ersten Teils war es, die Schulvoraussetzungen vollständig darzustellen und für jeden Bereich möglichst viele Trainingsmöglichkeiten zu nennen, damit für jede Familie etwas Passendes dabei ist. »Müsste« man alle Vorschläge des ersten Teils beherzigen, so entstünde ein Trainingsprogramm, das von kaum jemand bewältigt werden kann. Solche umfassenden Aufzählungen bergen immer die Gefahr in sich, dass trotz guten Willens aufgrund der Fülle der Vorschläge am Ende kaum etwas im Alltag umgesetzt wird.

Wie so oft ist weniger daher manchmal mehr und Vereinfachung notwendig. Das »Simplify«-Prinzip in der Schulvorbereitung heißt FamilienErgo. Neben dem täglichen selbstständigen Anziehen (s. Seite 99 ff.) können Wahrnehmung, Geschick und Selbstorganisation eines Kindes im Alltag mit nur sieben Alltagstätigkeiten umfassend gefördert werden:

1. Einkaufen
2. Tisch decken
3. Spülmaschine ausräumen oder Gespültes wegräumen
4. Abwaschen und Abtrocknen
5. Obst und Gemüse schälen und schneiden, Essen zubereiten
6. Wäsche aufhängen und legen
7. Telefonieren und Telefonate annehmen

Diese Tätigkeiten werden im nachfolgenden strukturierten Training erläutert (das auch als »FamilienErgo-Anleitungsheft« separat erhältlich ist – s. Seite 190). So können Sie Ihr Kind Schritt für Schritt fördern, ohne es zu überfordern. Wer die meisten dieser Betätigungen regelmäßig ausführt, ist weit überdurchschnittlich alltagskompetent (einen entsprechenden Test für Ihr Kind finden Sie auf Seite 126 ff.).
Besonders sinnvoll ist die Durchführung des strukturierten Trainings, wenn

- Ihr Kind schon in den nächsten zwölf Monaten eingeschult werden soll,
- die Schuleingangsuntersuchung Förderbedarf gezeigt hat oder
- Sie eine Richtschur suchen, an der Sie sich orientieren können.

Zu jeder Tätigkeit erhalten Sie Checklisten, an denen Sie die Lernerfolge Ihres Kindes überprüfen können. Wenn es in einem Tätigkeitsbereich alle Punkte, die Sie für realistisch erreichbar halten, erfüllt hat, soll es wie beim Anziehtraining eine kleine Aufmerksamkeit in Form eines Leuchtsterns erhalten, den Ihr Kind an beliebiger Stelle aufkleben darf. Diese abziehbaren Leuchtsterne finden Sie am Ende des Buches.

FamilienErgo ist wissenschaftlich fundiert

Das FamilienErgo-Training beruht auf den wissenschaftlichen Ergebnissen der KiKAPS-Studie. KiKAPS steht für »**K**indliche **K**ompetenzen im **A**lltag als **P**rädiktor für den **S**chulerfolg«. An 573 Kindern zwischen viereinhalb und sieben-

einhalb Jahren wurde untersucht, in welchem Umfang Kinder bei Alltagstätigkeiten helfen und ob dies Einfluss auf den Schulerfolg hat.
Bei den beteiligten 250 Schulanfängern zeigte die Studie, dass die Einbeziehung von Kindern in Alltagstätigkeiten sich positiv auf die Lernvoraussetzungen am Schulanfang auswirkte. Die Schüler mit hohen Werten für Alltagskompetenz hatten auch bessere Werte in der Lehrerbeurteilung.
Bisher galt die Schulbildung der Eltern als einer der wichtigsten Vorhersagewerte für den Schulerfolg eines Kindes. In der KiKAPS-Studie zeigte sich, dass die Alltagskompetenz von Kindern einen ähnlich großen Stellenwert haben könnte. Die Alltagskompetenz war dabei unabhängig von der Schulbildung der Eltern: Manche Kinder von Eltern mit Hauptschulabschluss waren deutlich kompetenter als die gleichaltrigen Akademikerkinder – und umgekehrt. Der positive Einfluss der Alltagskompetenz zeigte sich in der Gruppe der Kinder, deren Eltern eine niedrigere Schulbildung aufwiesen, sogar noch deutlicher als in der Gesamtgruppe.
Die gute Nachricht für alle Eltern: Unabhängig von der eigenen Schulbildung können Eltern ihren Kindern durch Einbeziehung in Alltagstätigkeiten wichtige Voraussetzungen für einen guten Schulstart mitgeben.

Topfit für die Schule mit FamilienErgo – Ein Kompetenztraining für Kinder von 4 bis 7 Jahren

FamilienErgo Schritt für Schritt

Tag 0: Der Einstieg

Sie haben sich entschlossen, Ihrem Kind wichtige Dinge für sein Leben zu zeigen.
Sehen Sie sich die sieben Tätigkeitsbereiche an, in denen Ihr Kind im Alltag seine Fähigkeiten üben kann (Seite 114 ff.). Wählen Sie eine Tätigkeit aus, die Ihr Kind noch nicht beherrscht, aber von der Sie denken, dass es Interesse daran hat und es ihm Freude machen könnte. Vielleicht wollte Ihr Kind Ihnen schon mal beim Gemüseschneiden oder beim Einkaufen helfen, aber Sie hatten Angst, dass es sich verletzen oder verloren gehen könnte. Wählen Sie dann zum Beispiel zuerst »Obst und Gemüse schälen und schneiden«.

Tag 1

Bitten Sie Ihr Kind, Ihnen zu helfen. Betonen Sie, dass Sie ihm das zutrauen. Sagen Sie zum Beispiel: »Du bist jetzt schon so groß, dass du mir wohl beim Essenkochen helfen kannst«, oder: »So geschickt, wie du Gameboy spielst, müsstest du eigentlich auch schon Gurke schneiden können – komm, ich zeig es dir.«
Erledigen Sie die Arbeit mit dem Kind gemeinsam, schalten Sie Störungen (Radio, Fernseher, Telefon) aus, damit sich

Ihr Kind konzentrieren kann. Zeigen Sie ihm den Anfang und lassen Sie Ihr Kind dann selbst probieren. Loben Sie das Bemühen – bewerten Sie nicht das Ergebnis. Selbst wenn Ihr Kind schon nach einer viel zu dicken Gurkenscheibe aufgibt, sagen Sie: »Das war fürs erste Mal schon sehr gut – vielen Dank. Nachher/morgen kannst du mir wieder helfen.«

Tag 2

Bitten Sie Ihr Kind, Ihnen wieder zu helfen. Loben Sie sein Bemühen, und wenn es winzigste Fortschritte gibt, loben Sie auch diese: »Prima, das geht ja noch besser als gestern.«

Tag 3 bis Tag X

Wie Tag 2.

Tag X: Der erste »Ich-kann-das-schon«-Stern

Irgendwann hat Ihr Kind die erste Gurke geschält und geschnitten, kann seine Brötchen selber schmieren und vielleicht sogar einen Apfel zerteilen. Damit hat es alle Tätigkeiten der Erfolgskontrolle (s. Kasten, Seite 119) bewältigt. Als Anerkennung für seine Mühe und Hilfe lassen Sie Ihr Kind den entsprechenden Leuchtstern aus dem Buch hinten heraustrennen und zum Beispiel über seinem Bett aufkleben. Warten Sie auf die Frage, wofür denn die anderen Sterne wären. Sagen Sie ihm, dass das »Ich-kann-das-schon«-Sterne sind, und bieten Sie ihm an, Ihnen ab morgen (zum Beispiel) beim Einkaufen zu helfen, und einen weiteren Stern dafür zu bekommen.

Wählen Sie für den ersten und zweiten Stern auf jeden Fall etwas, von dem Sie vermuten, dass Ihr Kind das gerne macht und kann, damit es vor allem eine gute Portion von dem bekommt, was jede Entwicklung beflügelt: Erfolg!

Die nächste Tätigkeit – der nächste Leuchtstern

Beginnen Sie wie an Tag 1 mit dem kleinsten Schritt, den Ihr Kind bewältigen kann. In dem Beispiel wäre jetzt Einkaufen dran und Sie geben Ihrem Kind im Supermarkt den Auftrag, eines seiner Lieblingsnahrungsmittel zu suchen und im eigenen Wagen zur Kasse zu bringen. Steigern Sie in den nächsten Wochen langsam den Schwierigkeitsgrad. Vergeben Sie einen Leuchtstern, wenn Ihr Kind im Bereich »Einkaufen« (Seite 114 f.) alle Punkte der Erfolgskontrolle beherrscht oder wenn Ihr Kind alles im Bereich seiner jetzigen Möglichkeiten gelernt hat.

So geht es weiter

Kein Kind muss alles können, da Schwächen in einem Bereich durch Stärken in anderen kompensiert werden können. Die Verbesserung der Eltern-Kind-Beziehung durch FamilienErgo wird dafür sorgen, dass Ihr Kind von allein auch andere Dinge über die sieben vorgestellten Tätigkeitsbereiche hinaus von Ihnen lernen möchte, ohne immer einen Leuchtstern zu bekommen, da die größte Belohnung die Stärkung des Selbstbewusstseins durch das Können ist.

Und auf die Dauer?

Behalten Sie gute Angewohnheiten bei und beziehen Sie Ihr Kind weiter mit ein, denn erst die Wiederholung macht souverän. Wahrscheinlich sinkt die Motivation Ihres Kindes dabei – das ist ganz natürlich. Hängen Sie in der Küche deshalb eine »Hilfepunktliste« auf und vergeben Sie Punkte für Mithilfe. Vereinbaren Sie vorher eine Wunschliste mit Ihrem Kind – Eis essen, Schwimmbadbesuch, Computerspiel, abends fernsehen etc. – und wie viel Punkte es braucht, damit die Wünsche in Erfüllung gehen. Diese Punkte dürfen natürlich bei Fehlverhalten oder Wutausbrüchen nicht angetastet werden!

FamilienErgo konkret: Die 7 Tätigkeitsbereiche

1. Einkaufen

Geben Sie Ihrem Kind seinen eigenen Einkaufswagen oder Einkaufskorb und sagen Sie, was es eigenständig suchen soll – am besten seine Lieblingsnahrungsmittel. Erst nur eine Sache suchen lassen, dann die Suche auf zwei bis drei Aufträge gleichzeitig steigern. Wenn Sie oder Ihr Kind ängstlich sind, lassen Sie es zunächst nur Dinge in dem Gang suchen, in dem Sie sich gerade befinden. An der Kasse legt Ihr Kind die Dinge aufs Band und bezahlt möglichst selbst – das fördert den Umgang mit Zahlen.

Tipp: Als Belohnung darf Ihr Kind auf dem Nachhauseweg »Chefpilot« sein und Sie nach Hause lotsen – zunächst ab der Ecke zu Ihrer Straße, dann eine immer größere Strecke, bis es schließlich den ganzen Weg allein findet.

Erfolgskontrolle Einkaufen: Mein Kind

- ❍ kann sich einen Auftrag merken
- ❍ kann sich zwei Aufträge merken
- ❍ kann sich drei Aufträge merken
- ❍ traut sich, zu bezahlen
- ❍ geht selbst zum Bäcker oder Kiosk »um die Ecke« (sofern Sie das vom Straßenverkehr her verantworten können)
- ❍ findet den Weg nach Hause

2. Tisch decken

Steigern Sie die Anforderungen je nach den Fähigkeiten des Kindes in dieser Reihenfolge, sodass Ihr Kind Erfolg hat:

1. Überlegen, wer mitisst – Personen abzählen, erst an den Fingern, dann im Kopf.
2. Entsprechende Zahl von Tellern, Bechern, Besteck heraussuchen lassen (pfiffige Köpfe dürfen auch selbst raten: »Was brauchen wir wohl für Suppe oder Spaghetti?«).
3. Teller und Besteck in der richtigen räumlichen Anordnung platzieren: Bei Rechtshändern Teller an die Tischkante vor den Stuhl, Besteck rechts davon, Becher schräg rechts außen, Griff nach rechts. Für Linkshänder beachten Sie bitte die Hinweise auf Seite 46.

Tipp: Wenn Ihr Kind Schwierigkeiten damit hat, sich die richtige Anordnung zu merken, dann schneiden Sie aus Pappe oder Papier Geschirr und Besteck aus und heften diese in der richtigen Anordnung mit Magneten an eine Pinnwand – dies entspricht übrigens der Situation des Abschreibens von der Tafel.

Erfolgskontrolle Tisch decken: Mein Kind

- ❍ zählt Personen an den Fingern ab
- ❍ zählt Personen im Kopf ab
- ❍ zählt Teller etc. korrekt ab
- ❍ weiß meist, was benötigt wird
- ❍ stellt Geschirr/Besteck korrekt hin

3. Spülmaschine ausräumen oder Gespültes wegräumen

Das ist richtig knifflig! Sich merken, wo all die verschiedenen Dinge hingehören, besonders, wenn zum Beispiel keine Gläser mehr im Regal sind und man nicht durch Vergleichen, sondern nur durch Erinnern auf den richtigen Platz kommt! Wer das trainiert, wird ohne Probleme das richtige Heft im Ranzen finden und sich die Hausaufgaben einprägen können. Erwarten Sie am Anfang nicht zu viel – diese Aufgabe kann in der Regel erst nach vielen, vielen Wiederholungen gemeistert werden.

Tipp: Wenn Ihr Kind noch klein ist und die Oberschränke nur mit waghalsigen Klettertouren erreichen kann, beginnen Sie mit dem Besteck, eventuell in Form eines kleinen Wettrennens: »Du räumst das Besteck weg und ich den Rest.« Ein kleiner Stehhocker verbessert die Übersicht.

Erfolgskontrolle Gespültes wegräumen:
Mein Kind kann

- ❍ Besteck richtig wegräumen
- ❍ Geschirr richtig wegräumen
- ❍ Gläser richtig wegräumen
- ❍ Kochutensilien und Töpfe richtig wegräumen
- ❍ die Spülmaschine ausräumen oder den Abwasch komplett allein wegräumen

4. Abwaschen und Abtrocknen

Sobald Ihr Kind auf einem Stehhocker bis ins Waschbecken reichen kann und in eine Schürze passt, kann es auch abwaschen. Dies ist anfangs allerdings nur dann eine echte Hilfe, wenn Sie danach sowieso die Küche wischen wollten. Aber wo sonst kann ein Kind so gut das Zusammenspiel der Hände und den richtigen Druck in den Fingerspitzen lernen, den es später zum Schreiben braucht? Erfolgskontrolle eingeschlossen! Wasser und Schaum motivieren ungeheuer. Und natürlich das Lob für die kleinen Schritte zur großen Hilfe. Abtrocknen schult übrigens die gleichen Fähigkeiten wie das Abwaschen.

Erfolgskontrolle Abwaschen und Abtrocknen: Mein Kind kann

- ❍ Plastikschüsseln abwaschen
- ❍ Besteck abwaschen
- ❍ Geschirr abwaschen
- ❍ Plastikschüsseln abtrocknen
- ❍ Besteck abtrocknen
- ❍ Geschirr abtrocknen

5. Obst und Gemüse schälen und schneiden, Essen zubereiten

Aller Anfang ist schwer. Gehen Sie Schritt für Schritt vor, wie in der Anleitung auf Seite 111 f. (Tag 1) beschrieben. Bei Tisch lassen Sie Ihr Kind das Brot schmieren – am leichtesten geht Margarine auf Brötchen, dann langsam bis zu Nugatcreme oder Erdnussbutter steigern.
Satt werden ist das erste Ziel, Sauberkeit erst das zweite!

Tipp: Ihr Kind isst kein Gemüse? Dann lassen Sie es erst mal den Ketchup-Dip kreieren: Drei Esslöffel Dickmilch und so viel Ketchup, bis die Farbe stimmt, ein bisschen Salz, Pfeffer und evtl. Senf dazu und immer wieder probieren lassen. Anstelle des Probierfingers eine Gurkenscheibe oder ein Stück Möhre oder Paprika nehmen (damit der Speichel den Dip nicht zur Suppe werden lässt). Und dann irgendwann den Sparschäler und die Gurke in die Hand drücken: »Jetzt versuch du mal!«

Erfolgskontrolle Obst und Gemüse schälen und schneiden: Mein Kind kann

- ❍ Dip mischen
- ❍ Gemüse schälen
- ❍ Gemüse schneiden
- ❍ Apfel essfertig schneiden (für Fortgeschrittene)
- ❍ Brötchen mit Margarine schmieren

6. Wäsche aufhängen und legen

Im Zeitalter des Trockners ist Wäsche aufhängen aus der Mode gekommen. Aber auch Geschirr- und Badetücher müssen trocknen, und diese über eine Leine oder Stange zu hängen, erfordert eine Menge Ganzkörperkoordination. Der Gebrauch von Wäscheklammern ist ein Spezialtraining für den richtigen Stiftdruck. Gönnen Sie Ihrem Kind diese wichtige Erfahrung!

Wäsche legen: Sockenpaare finden, nach der Größe, Form und Farbe auf den Besitzer schließen, Socken und Unterwäsche nach Besitzern auf Stapel sortieren. Dann abzählen: Wer hat die meisten Socken oder Unterhosen? Wäsche in die richtige Schublade legen. Handtücher in der Mitte falten. Wer das kann, braucht vor Mathe keine Angst zu haben.

Erfolgskontrolle Wäsche aufhängen und legen: Mein Kind kann

- ❍ Jacke auf Bügel hängen
- ❍ Handtücher aufhängen
- ❍ andere Wäsche aufhängen
- ❍ Wäscheklammern benutzen
- ❍ Sockenpaare finden
- ❍ Socken den Besitzern zuordnen
- ❍ bis zehn zählen
- ❍ Handtücher falten
- ❍ Wäsche in den Schrank bringen

7. Telefonieren und Telefonate annehmen

Telefonieren ist Training fürs Zuhören. Üben Sie mit Ihrem Kind schrittweise, was es noch nicht kann: Telefon am Klingeln erkennen und finden – Hörer abnehmen – erst sprechen, wenn der Hörer am Mund ist – deutlich mit vollem Namen melden – abwarten, wer sich meldet, und zuhören, was der Gesprächspartner will. Lassen Sie sich eine kurze Rückmeldung geben: »Mama, Onkel Gerd ist dran und möchte dich sprechen«, oder: »Es ist Denise – für mich.«
Beim Anrufen lassen Sie Ihr Kind selbst wählen: Erst die Nummer Zahl für Zahl nennen »sechs – null – null – zwei – sieben«, dann Zweiergruppen »sechs – nullnull – zweisieben«, dann vollständig. Verwenden Sie möglichst keine Kurzwahltasten. Üben Sie den Gesprächsbeginn: abwarten, wer sich meldet – mit eigenem Namen melden – eventuell gewünschten Gesprächspartner verlangen – dann erst Nach-

richt übermitteln. Geben Sie Ihrem Kind am Anfang nur kurze Aufträge (zum Beispiel: »Sag Oma, wir kommen erst um fünf«) und lassen Sie sich die Antwort wiedergeben. Alle diese Dinge üben das, wovon viele Schulanfänger zu wenig haben: Die Fähigkeit zu warten, bis der andere ausgesprochen hat, und das Gesagte wiederholen können.

Erfolgskontrolle Telefonieren: Mein Kind kann

- ❍ Telefon orten
- ❍ eigenen Namen deutlich nennen
- ❍ Wunsch des Anrufers erkennen
- ❍ Einzelziffern wählen
- ❍ Ziffern in Zweiergruppen wählen
- ❍ Nummer aus dem Kopf wählen
- ❍ kurze Nachrichten übermitteln
- ❍ Gesprächsinhalt wiedergeben
- ❍ Verabredung telefonisch treffen

Vielleicht sind Ihnen beim Lesen noch andere Dinge eingefallen, bei denen Sie Ihr Kind mit einbeziehen können. Etwa beim Handwerken oder Reparieren. Sie merken bald: Die Förderung kindlicher Kompetenz ist eine Lebenseinstellung, die Ihrem Kind Selbstständigkeit und Selbstbewusstsein verleiht.

Schwierigkeiten überwinden

Alle Eltern, die in meine Praxis kommen, wollen das Beste für ihr Kind. Alle Eltern wünschen ihrem Kind, dass es gut in der Schule zurechtkommt. Die Vorbereitungen hierfür scheitern aber oft an ganz alltäglichen Schwierigkeiten:

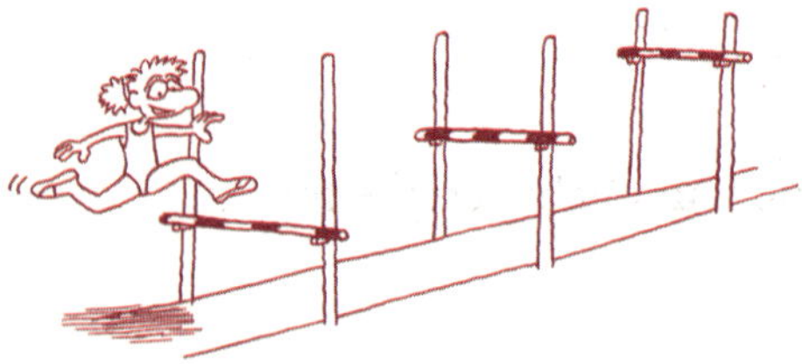

»Meine Tochter trödelt morgens so lange, bis ich sie dann doch selber anziehe, damit ich rechtzeitig zur Arbeit komme.«
»Unser Sohn hampelt so beim Essen rum – dem kann ich doch kein Messer in die Hand geben.«
»Oft habe ich einfach nicht die Zeit oder die Geduld, meinem Kind zu erklären, was es tun soll – dann mache ich es lieber gleich allein.«
»Ich habe noch gar nicht daran gedacht, dass das Tischdecken auch für mein Kind wichtig sein könnte.«
So verpasst das Kind wichtige Erfahrungen – und hat es in der Schule schwerer als nötig.
In der schon erwähnten KiKAPS-Studie wurden die Eltern auch gefragt, warum ihr Kind fehlende Alltagskompetenzen bisher nicht erworben hätte. Die häufigsten Antworten waren:

- »Es geht einfach schneller, wenn ich es allein mache.«
- »Es hat sich noch nicht ergeben, das Kind dazu anzuleiten.«
- »Sie/er ist noch zu klein dazu.«
- »Sie/er verweigert die Mitarbeit.«

Dieser dritte Teil des Buches ist vor allem für Eltern gedacht, die schon versucht haben, ihr Kind zu fördern und dabei auf Schwierigkeiten gestoßen sind. In diesem Teil

- können Sie in einem Test sehen, wie gut Ihr Kind im Bereich der Alltagskompetenz im Vergleich zu anderen Kindern abschneidet,
- erfahren Sie, was Sie tun können, um Schwierigkeiten zu überwinden.

Ergänzend zu den Hinweisen und Hilfestellungen in diesem Kapitel empfehle ich allen Eltern den Besuch eines Elterntrainings. Es ist für mich immer wieder erstaunlich, zu sehen, wie viele ganz praktische Hilfen und Strategien in solchen Trainings vermittelt werden und wie viel weniger gestresst Eltern nach einem solchen Training sind.
Kontaktadressen finden Sie im Anhang (s. Seite 189), auch Ihre Kinderärztin oder Ihr Kinderarzt kann Ihnen sicher eine Schulungsadresse in Ihrer Nähe nennen.

Die Alltagskompetenz Ihres Kindes

Test: Wie fit ist mein Kind?

Der folgende (leicht modifizierte) Test wurde im Rahmen der KiKAPS-Studie den Eltern von 525 Kindern zwischen viereinhalb und siebeneinhalb Jahren vorgelegt und anhand dieser Stichprobe normiert. Mithilfe der Auswertung auf Seite 129 ff. können Sie feststellen, wie Ihr Kind im Vergleich zu anderen Kindern gleichen Alters abschneidet.

Bitte kreuzen Sie auf dem Fragebogen für jede der genannten Alltagstätigkeiten an, wie häufig Ihr Kind diese *in den vergangenen sechs Wochen* durchgeführt oder bewältigt hat. Es geht also nicht darum, was Ihr Kind theoretisch alles könnte, sondern darum, was es in den letzten sechs Wochen tatsächlich getan hat. Bei den Tätigkeiten, die Ihr Kind nicht kann oder noch nicht probiert hat, kreuzen Sie »fast nie« an. Wenn keine Antwort zu Ihrem Kind zu passen scheint, dann kreuzen Sie die am ehesten zutreffende an.

Tätigkeit	Wie häufig hat Ihr Kind dies in den letzten 4–6 Wochen getan?			
1. Bereich: Aus- und Anziehen	fast nie	gelegentlich	überwiegend	fast immer
zieht sich vollständig aus				
zieht sich vollständig selbst an				
sucht sich selbst passende Sachen aus dem Schrank				
bindet Schleife				
2. Bereich: Tisch decken	fast nie	gelegentlich	überwiegend	fast immer
zählt Teller/Besteck richtig ab				
verteilt Teller und Besteck selbstständig				
weiß, welche Dinge aus dem Kühlschrank zum Frühstück dazugehören				

Tätigkeit	Wie häufig hat Ihr Kind dies in den letzten 4–6 Wochen getan?			
kennt die bei Ihnen übliche Anordnung von Teller und Besteck (zum Beispiel Teller nach vorn, Becher/Glas rechts davon, Besteck an die richtige Stelle) und deckt entsprechend				
3. Bereich: Tisch abräumen	fast nie	gelegentlich	überwiegend	fast immer
räumt sein Geschirr/ Besteck ab				
räumt Geschirr/Besteck in Spülmaschine (sofern vorhanden)				
räumt Spülmaschine (sofern vorhanden) mit elterlicher Hilfe aus				
trocknet Besteck oder Plastikschüsseln ab				
trocknet Gläser, Töpfe/ Pfannen ab				
4. Bereich: Wäsche	fast nie	gelegentlich	überwiegend	fast immer
legt schmutzige Wäsche in Wäscheeimer				
hängt Wäsche über Leine				
befestigt Wäsche mit Wäscheklammern				
sucht und findet Sockenpaare im Wäschekorb (nach dem Waschen)				

Tätigkeit	Wie häufig hat Ihr Kind dies in den letzten 4–6 Wochen getan?			
legt/faltet einfache Wäschestücke				
sortiert Socken nach Besitzern				
legt Wäsche in den richtigen Schrank/die richtige Schublade				
5. Bereich: Mahlzeiten zubereiten	fast nie	gelegentlich	überwiegend	fast immer
schmiert sich selbst Brötchen mit Butter/Margarine/Nusscreme ...				
schmiert sich selbst Brot mit Butter/Margarine ...				
isst mit Messer und Gabel (fast) ohne Hilfe				
schält Gemüse/Obst (Gurke, Möhre, Kartoffel, Äpfel)				
schneidet rohes Gemüse/Obst (Gurke, Möhre, Paprika, Äpfel)				
hilft beim Kochen und Backen				
kann Mikrowelle bedienen				
6. Bereich: Einkaufen	fast nie	gelegentlich	überwiegend	fast immer
hilft beim Zusammensuchen der Waren im Supermarkt				
erledigt selbstständig kleine Einkäufe (Bäcker, Kiosk)				

Tätigkeit	Wie häufig hat Ihr Kind dies in den letzten 4–6 Wochen getan?			
7. Bereich: Telefonieren	fast nie	gelegent-lich	über-wiegend	fast immer
geht ans Telefon und meldet sich mit Namen				
wählt Nummer selbst, wenn Ziffer für Ziffer genannt wird (»6-0-0-2-7«)				
wählt vertraute Nummer aus dem Gedächtnis				
kann kurze Aufträge am Telefon korrekt weitergeben (»Sag Oma, dass wir später kommen«)				
kann Verabredungen telefonisch treffen (eventuell mit Rücksprache)				
kann nach Telefonat Inhalt des Gespräches wiedergeben				

Auswertung in 3 Schritten				
1. Summe der Kreuze der Spalte zusammenzählen (alle Zahlen dieser Zeile müssen zusammen 35 ergeben)				

Tätigkeit	Wie häufig hat Ihr Kind dies in den letzten 4–6 Wochen getan?			
Bewertungsfaktor	**0**	**1**	**2**	**3**
2. Punktbewertung: Die Summe der Antworten aus Schritt 1 mit dem Bewertungsfaktor multiplizieren und hier eintragen	0			
3. Gesamtpunktzahl ermitteln: Alle Zahlen aus dem zweiten Schritt (Punktbewertung) zusammenzählen. Dies ergibt eine Zahl zwischen 0 und 105.				

Beispiel:

1. Summe der Kreuze pro Spalte zusammenzählen (alle Zahlen dieser Zeile müssen zusammen 35 ergeben)	6	9	12	8
Bewertungsfaktor	0	1	2	3
2. Punktbewertung: Die Summe der Antworten aus Schritt 1 mit dem Bewertungsfaktor multiplizieren und hier eintragen	6 x 0 = 0	9 x 1 = 9	12 x 2 = 24	8 x 3 = 24
3. Gesamtpunktzahl ermitteln: Alle Zahlen aus dem zweiten Schritt (Punktbewertung) zusammenzählen. Dies ergibt eine Zahl zwischen 0 und 105, hier 57.	0 +	9 +	24 +	24 = **57**

Im letzten Schritt überprüfen Sie, wie Ihr Kind im Vergleich mit Gleichaltrigen abschneidet. Dazu suchen Sie die Zeile mit dem Alter Ihres Kindes und vergleichen anhand der soeben ermittelten Gesamtpunktzahl, ob Ihr Kind zur Gruppe A, B, C oder D gehört. Lesen Sie anschließend in der Testauswertung, was dies für Ihr Kind bedeutet.

Alter / Gruppe	A	B	C	D
4;6–5;5 Jahre*	20–34 Punkte	35–49 Punkte	50–65 Punkte	66–80 Punkte
5;6–6;5 Jahre*	28–42 Punkte	43–57 Punkte	58–72 Punkte	73–87 Punkte
6;6–7;5 Jahre*	28–44 Punkte	45–60 Punkte	61–77 Punkte	78–93 Punkte
7;6–8;5 Jahre*	36 50 Punkte	51 65 Punkte	66 81 Punkte	82–96 Punkte

* 4;6 Jahre bedeutet 4 Jahre und 6 Monate

Testauswertung

Gruppe A

Ihr Kind verfügt bisher nur über wenige Alltagskompetenzen. Wenn Ihr Kind generell (etwas) entwicklungsverzögert ist, dann passt dieses Ergebnis zu seinem Entwicklungsstand. Streben Sie jetzt nicht danach, dass Ihr Kind möglichst schnell »alles« lernen soll. Das Gras wächst nicht schneller, wenn man daran zieht! Liebe, Geduld und das Akzeptieren des persönlichen Entwicklungstempos Ihres Kindes sind jetzt wichtig. Setzen Sie sich kleine Ziele und achten Sie

mehr auf den Fortschritt Ihres Kindes als auf die Fähigkeiten der anderen Kinder. »Die Tricks der Profis nutzen« (Seite 167 ff.) könnte zudem für Sie besonders interessant sein.
Wenn Ihr Kind unter einer motorischen oder sprachlichen Entwicklungsverzögerung leidet oder schlecht hört, finden Sie im Kapitel »Entwicklungsstörungen können auch nützlich sein« (Seite 139 ff.) weitere Hinweise zur Unterstützung Ihres Kindes.
Wenn Ihr Kind nicht entwicklungsverzögert ist, sollten Sie sich fragen, warum es bisher im Alltag so wenig Handlungserfahrungen gemacht hat. Beantworten Sie hierzu die Fragen zur Selbsteinschätzung auf Seite 133 ff. und lesen Sie auf den nachfolgenden Seiten, was Ihnen helfen kann, diese Schwierigkeiten zu überwinden.

Gruppe B
Ihr Kind verfügt schon über einige alltagspraktische Fähigkeiten, hat aber vermutlich noch Lernpotenzial. Überlegen Sie mithilfe der Selbsteinschätzung (s. Seite 133 ff.), was Ihr Kind davon abhalten könnte, zusätzliche Handlungserfahrungen im Alltag zu machen.
Wenn Ihr Kind noch mehr als ein Jahr Zeit bis zum Schulstart hat: Führen Sie das Anziehtraining durch (s. Seite 99 ff.) und nutzen Sie nach und nach die Anregungen im ersten Teil des Buches; alternativ können Sie auch das strukturierte Kompetenztraining »FamilienErgo« durchführen.
Wenn Ihr Kind weniger als ein Jahr Zeit bis zur Schule hat: Führen Sie (sofern noch notwendig) das Anziehtraining durch und beginnen Sie danach mit dem FamilienErgo-Programm (s. Seite 111 ff.).

Wenn Ihr Kind entwicklungsverzögert ist, können Sie stolz auf sich und Ihr Kind sein, da es trotz seiner Probleme so viele Alltagstätigkeiten ausführt.

Gruppe C
Ihr Kind ist bereits überdurchschnittlich alltagskompetent und hat gute Chancen auf einen gelungenen Schulstart. Sehen Sie die Anregungen in diesem Buch als zusätzliche Möglichkeiten, die Sie Ihrem Kind anbieten können, damit es stolz auf sein eigenes Können ist. Widerstehen Sie der Versuchung, ihm »alles« beibringen zu wollen.

Gruppe D
Ihr Kind ist weit überdurchschnittlich alltagskompetent. Machen Sie weiter so, sehen Sie die Mithilfe des Kindes aber nicht als jederzeit selbstverständlich an. Seien Sie großzügig, wenn Ihr Kind einmal nicht helfen möchte, weil es zum Beispiel länger spielen will oder eine angefangene Tätigkeit zu Ende bringen möchte oder auch mal einen Film zu Ende sehen will, statt den Tisch zu decken.

Selbsteinschätzung: Was hält mein Kind davon ab, alltagspraktische Erfahrungen zu sammeln?

Kreuzen Sie in der nachfolgenden Tabelle zunächst an, in welchem Ausmaß das beschriebene Verhalten auf Sie und Ihr Kind zutrifft. In der darauffolgenden Tabelle erhalten Sie Lösungsvorschläge für die beschriebene Problematik.

Woran liegt es, dass Ihr Kind Alltagstätigkeiten nicht ausführt?	trifft genau zu	trifft überwiegend zu	trifft teilweise zu	trifft gar nicht zu
Es geht einfach schneller, die Dinge allein zu tun.				
Sie/er bekommt vieles von Eltern/Geschwistern abgenommen.				
Sie/er hat ein Talent, sich vor allem zu drücken.				
Der Terminplan meines Kindes ist sowieso schon so voll.				
Sie/er sitzt mehr als 30 Minuten pro Tag vor dem Fernseher.				
Ich habe bisher einfach noch nicht daran gedacht, mein Kind regelmäßig in Alltagstätigkeiten einzubeziehen.				
Mein Kind scheint mir für die meisten Tätigkeiten noch zu klein zu sein.				

Problem	Lösungsvorschlag
Es geht einfach schneller, die Dinge allein zu tun.	Kapitel »Keine Zeit?« (Seite 156 ff.)
Sie/er bekommt vieles von Eltern/Geschwistern abgenommen.	Kapitel »Verwöhnung – ein notwendiges Übel?« (Seite 135 ff.)
Sie/er hat ein Talent, sich vor allem zu drücken.	Kapitel »›Muttertaubheit‹« (Seite 150 ff.)
Der Terminplan meines Kindes ist sowieso schon so voll.	Kapitel »Keine Zeit?« (Seite 156 ff.)

Sie/er sitzt mehr als 30 Minuten pro Tag vor dem Fernseher.	Kapitel »König Fernseher entthronen« (Seite 160 ff.)
Ich habe bisher einfach noch nicht daran gedacht, mein Kind regelmäßig in Alltagstätigkeiten einzubeziehen.	Dann fangen Sie noch heute damit an, zum Beispiel mit dem Anziehtraining (Seite 99 ff.) oder mit dem FamilienErgo-Training (Seite 111 ff.).
Mein Kind scheint mir für die meisten Tätigkeiten noch zu klein zu sein.	Lesen Sie dazu den folgenden Kasten »Das Kind mit der Machete«.

Das Kind mit der Machete

Auf einer Reise durch Afrika sah ein Kinderarzt einen kleinen Jungen, der ganz allein mit einer riesigen Machete spielte. Auf die Frage, ob das denn nicht viel zu gefährlich für den Jungen sei, antwortete der einheimische Reiseführer: »Nein, wieso? – Im nächsten Jahr wird der Junge sechs, dann muss er das Feuerholz für die ganze Familie besorgen, da muss er in diesem Jahr schon mal üben, mit der Machete umzugehen.«

Verwöhnung – ein notwendiges Übel?

Während ein Kind heranwächst, ändert sich die Aufgabe der Eltern radikal: vom Versorgen zum Entlassen in die Selbstständigkeit. Kein anderes Lebewesen ist so lange auf die Hilfe seiner Eltern angewiesen wie junge Menschen.

Vogelkinder lernen nach wenigen Wochen fliegen – Babys strampeln in diesem Alter noch relativ ungerichtet mit Armen und Beinen. Wenn sie mit drei bis vier Monaten gezielt nach einer Rassel greifen können, sind Kaninchen bereits geschlechtsreif. Kater verlassen ihre soziale Gruppe im Alter von sechs bis zehn Monaten, einem Alter, in dem Menschenkinder sich bestenfalls fortbewegen, aber noch nicht für sich sorgen können.

So betrachtet verläuft alles wie in Zeitlupe, und das bedeutet nahezu zwangsläufig, dass sich bei Eltern Gewohnheiten entwickeln: Wer sein Kind monatelang gefüttert hat (weil es sonst verhungern würde), muss sein Verhalten aktiv ändern, um dem Kind den Löffel in die Hand zu geben. Wer sein Kind immer angezogen hat, um es vor Kälte und Nässe zu schützen, braucht eine besondere Motivation, um sich nun geduldig danebenzustellen und zu warten, bis das Kind das allein schafft.

Hinzu kommt noch die natürliche elterliche Ambivalenz, das Hin- und Hergerissensein zwischen zwei Gefühlen: Wenn mein Kind das erste Mal allein im Kindergarten bleibt, mit dem Fahrrad ohne Stützräder und ohne Hand fährt oder mit der Lehrerin in seine neue Klasse geht, dann bin ich nicht nur stolz und froh. Ich habe vielleicht auch diesen Kloß im Hals, der mir sagt: Dies ist einer von vielen Abschieden im Kreislauf des Lebens. Mein Kind wird flügge, und ich werde älter, in ein paar Jahren wird das Kind seine eigenen Wege gehen. Und logisch weitergedacht bedeutet das: Eines Tages werden wir für immer Abschied voneinander nehmen müssen. Diese Gedanken sind schwer zu ertragen. Ist es da nicht ganz natürlich, dass unser Unterbewusstsein unsere Bemühungen zur Selbstständigkeitserziehung

manchmal bremst, um uns vor diesen schmerzhaften »Erkenntnissen« zu bewahren?
Verwöhnung ist daher eine ganz natürliche Folge guter menschlicher Einstellungen wie liebevoller Fürsorge und guter Gewohnheiten.

Verwöhnung ist aber auch ein schwerer Entwicklungsballast: Verwöhnung ist die Gewöhnung an Unselbstständigkeit. Verwöhnte Kinder sind als Jugendliche und Erwachsene häufiger unselbstständig oder ängstlich. Oder sie brechen gewaltsam aus dem Gefängnis aus, in denen sie als »Abhängige« gehalten werden. Oder sie verweigern sich. Wenn Eltern sich beschweren, ihre provozierenden Kinder wären »stinkfaul«, dann sind das manchmal dieselben Eltern, die ihr Kind mit fünf Jahren noch angezogen haben. Die Bücher *Die Droge Verwöhnung* von Jürg Frick und *Die Verwöhnungsfalle* von Albert Wunsch schildern eindrucksvoll die katastrophalen Folgen von anhaltender Verwöhnung auf die kindliche Entwicklung.
Um am Bauwerk eines gelungenen, glücklichen Lebens für sich und seine Kinder zu bauen, bedarf es ständiger Weiterentwicklung gegen den Trott von Gewohnheit und Bequemlichkeit. Bei der Überwindung der Gewöhnung können die besonderen Tage im Leben eines Kindes hilfreich sein: Geburtstage, Jahreswende, Vorsorgeuntersuchung, Einschulung, Zeugnisse. Diese Tage erinnern uns daran, dass Kinder »Gäste sind, die nach dem Weg fragen« (Jirina Prekop).

Alle Eltern waren mal Kinder

Alle Eltern waren mal Kinder, und ob wir es wollen oder nicht: Was wir selbst als Kinder erlebt haben, prägt uns. Dies gilt im besonderen Maße für die Art, wie uns unsere Eltern ihre Zuneigung gezeigt haben: Wer Zuneigung in Form von »Ich mache das alles für dich (und kontrolliere dich)« erlebt hat, wird seinen Kindern seine Zuneigung vielleicht ebenso zeigen wollen – oder genau ins Gegenteil umschlagen. Wer wenig Zuwendung als Mangel erfahren hat, wird seine Kinder vielleicht besonders verwöhnen, um ihnen diese Erfahrung zu ersparen.

Die goldene Regel heißt: *Weil ich dich liebe, gebe ich dir erst Wurzeln und dann Flügel.*

Es ist ganz natürlich, dass man als Eltern mal nach rechts und mal nach links von diesem goldenen Weg abkommt. Nach rechts, ins Übermaß der Verwöhnung, oder nach links, indem wir unseren Kindern zu viel zumuten und sie überfordern.

Wenn Sie bei sich selbst bemerken, dass Sie generell eher »rechts-« oder »linkslastig« sind, oder wenn Sie sich nicht sicher sind, wo Sie momentan stehen, fragen Sie Außenstehende, die manchmal klarer sehen als man selbst. Suchen Sie sich Hilfe bei Ihrem (Kinder-)Arzt, Ihrer kommunalen Erziehungsberatungsstelle oder in einem Elternkursus (s. Seite 188 f.)

✗ *Das Wichtigste in Kürze*

Verwöhnung ist wahrscheinlich unvermeidlich. Die Überwindung der Verwöhnung ist eine der elterlichen Kernaufgaben.

Entwicklungsstörungen können auch nützlich sein

Für Eltern, die ein Kind mit Entwicklungsstörungen haben, klingt diese Überschrift möglicherweise erst einmal provozierend. Die Eltern kennen die Verzweiflung des Kindes, wenn wieder etwas nicht gelingt, die Not, anders zu sein als die anderen, die Odyssee durch Praxen und Einrichtungen, bis endlich jemand sagt, was mit dem Kind los ist. Und sie kennen die eigene Hilflosigkeit, vieles nicht heilen zu können. Und dann sollen Entwicklungsstörungen Vorteile haben?
Natürlich nicht vordergründig. Entwicklungsstörungen sind in der Regel überwiegend nachteilig für ein Kind. Zwar gibt es auch ermutigende Einzelfallberichte, dass jemand an einer persönlichen Schwierigkeit oder Behinderung so gereift ist, dass er in seinem Leben viel mehr bewirkt oder erlebt hat, als normalerweise zu erwarten gewesen wäre. Aber auch diese Menschen haben in der Regel einen schweren persönlichen Weg hinter sich, um den man sie nicht unbedingt zu beneiden braucht.
Mir ist auch noch kein Kind begegnet, das eine Entwicklungsverzögerung nur vorgespielt hätte, um dadurch plump einen Vorteil zu erlangen. Es hat kein Kind eine Entwicklungsstörung, *weil* es einen Vorteil daraus zieht.
Um Kindern mit Entwicklungsstörungen helfen zu können, ist es aber unerlässlich, sich bewusst zu machen, dass solche Störungen (fast immer) *auch* Vorteile haben. Denn diese »Vorteile« bewirken manchmal, dass Kindern mehr abgenommen wird als nötig, sodass sie bestimmte Erfahrungen nicht machen, ihr Entwicklungspotenzial nicht ausschöpfen.

Das bedeutet nicht, dass alle Kinder sich normal entwickeln würden, wenn sie nur die richtigen Erfahrungen machten. Entwicklungsstörungen haben viele Ursachen, die meisten liegen in den Anlagen des Kindes und nicht in mangelnden Erfahrungen. Aber jedes Kind hat einen gewissen Spielraum, in dem es sich entwickeln kann.

Wenn Kinder ermutigt werden, ihre Fähigkeiten zu nutzen, wenn sie das Glück haben, bei Eltern oder Erziehern aufzuwachsen, die sie lieben, so, wie sie sind, und die gleichzeitig an ihre Möglichkeiten glauben, werden sie sich vermutlich besser entwickeln als Kinder, die weniger gute Bedingungen vorfinden.

Jans Beispiel (s. folgende Seite) zeigt, dass die Entwicklung durch eigenes Handeln vorangebracht wird. Wie viele Handlungsmöglichkeiten ein Kind hat, hängt aber entscheidend von seiner Umgebung ab, und hier beginnt das Problem: Schließlich wachsen Kinder nicht in einem sterilen Labor mit unveränderlichen Bedingungen heran. Die meisten Kinder haben das Glück, zumindest einen Teil ihres Lebens mit mitfühlenden, liebevollen und hilfsbereiten Menschen aufzuwachsen. Und dabei löst Behinderung oder Ungeschicklichkeit bei Erwachsenen nicht nur Unsicherheit und Distanz, sondern auch gut gemeinte Übernahme von Verantwortung aus.
Wie sich dies im Alltag eines entwicklungsgestörten Kindes auswirken kann, möchte ich Ihnen an zwei häufigen Störungen zeigen.

Jan, der Schmied

Jan hatte als Frühgeborener eine Gehirnblutung und daraus entwickelte sich – wie so oft – eine sogenannte spastische Tetraparese: eine Lähmung von Armen und Beinen, bei der die Muskeln sehr steif, wie eingefroren sind. Dabei sind die Beine typischerweise fest gestreckt und können nicht gebeugt werden, die Arme und Finger sind aber in Beugehaltung und können nur schwer gestreckt oder geöffnet werden. Wenn Sie einmal versuchen zu gehen, ohne die Knie zu beugen, bekommen Sie einen Eindruck davon, wie schwer es ist, so gehen zu lernen. Jan lernte es dennoch, mit sieben Jahren.
Aber damit nicht genug: Jan war fasziniert von den Werkzeugen seines Vaters, der als Schmied arbeitete. Jede freie Minute nutzte er, um zu hämmern, zu schrauben und mit Zangen Werkstücke zu fassen. Dabei benutzte er immer wieder nicht nur die wenig betroffene linke Hand, sondern zum Festhalten auch die stark gelähmte rechte Hand. Seine Eltern und seine Therapeuten in Krankengymnastik und Ergotherapie unterstützten ihn, und dabei lernte Jan nicht nur schmieden: Früher gab mir Jan zur Begrüßung die linke Hand, die er leicht öffnen konnte, und sah dabei verlegen zur Seite. Inzwischen gibt mir Jan die mühevoll geöffnete rechte Hand und sieht mir dabei in die Augen.
Manchmal frage ich mich, was aus Jan geworden wäre, wenn seine Mühe weniger unterstützt worden wäre: ein gut versorgter Rollstuhlfahrer?

Motorische Störungen

Biopsychologisch sind wir auf das Kindchenschema programmiert: Wenn ein Wesen mit großem Kopf und kurzen Beinen tapsig hin und her läuft, entsteht unwillkürlich der Impuls, das Wesen zu streicheln und zu beschützen. Nicht umsonst schnellen Besucherzahlen und Aktienkurse eines Zoos bei Geburt eines Tierbabys sprunghaft nach oben. Ebenso löst auch ein ungeschicktes Kind mit niedriger Muskelspannung diese Reaktionen aus. Wir packen schnell mit an, um dem Ringen mit dem festsitzenden Jackenbündchen ein Ende zu bereiten. Wenn das Kind in Richtung Flasche greift, um sich etwas zu trinken einzugießen, sagen wir: »Lass mal, ich mach das schon.« Und falls wir damit zu spät kommen, werden wir auf jeden Fall selbst einen Lappen zum Aufwischen holen, damit es dabei nicht noch ein weiteres Unglück anrichtet.

Alle diese gut gemeinten und im Einzelfall höchst sinnvollen Reaktionsweisen führen aber dazu, dass gerade die Kinder ihr Geschick seltener üben, die das am dringendsten bräuchten. Und wenn das Kind schlau genug ist, lernt es sehr rasch noch zwei weitere Botschaften:

1. Ich bin ungeschickt – besser versuche ich es erst gar nicht, es klappt sowieso nicht.
2. Ungeschicklichkeit ist wenigstens dafür gut, Zuwendung zu erhalten – und davon kann man nie genug bekommen.

Dieses negative Selbstbild wird wahrscheinlich dazu beitragen, dass das Kind den Kopf ein kleines bisschen stärker gesenkt hält, die Füße verlegen etwas mehr nach innen dreht und beim Gehen nicht richtig anhebt. So zeigt es ohne Worte mit seiner Körpersprache allen Menschen: »Ich bin klein und schutzbedürftig, sei bitte vorsichtig mit mir.«

Die körpersprachliche Botschaft und die daraus resultierende Zuwendungsvermehrung in Form von Unterstützung können für das seelische Gleichgewicht so wichtig sein, dass es sich lohnt, dafür das Ausschimpfen für die verschüttete Limonade in Kauf zu nehmen.

Folgende Lebensumstände laden Kinder nach meiner Erfahrung geradezu dazu ein, im Entwicklungsstadium der motorischen Ungeschicklichkeit zu verharren:

- Verunsicherung durch Änderung der Lebensumstände (Umzug, Trennung der Eltern, Geburt eines Geschwisterkindes, Tod eines Angehörigen, traumatische Erlebnisse). Die Körpersprache des Kindes sagt in diesen Fällen den Eltern: »Früher, als ich noch ein ungelenkes Baby war, war vieles besser – ach, könnte es doch wie früher sein!«

Körpersprache und Körperspannung

Unsere Alltagssprache kennt viele Begriffe für den Zusammenhang zwischen Körperspannung und Selbstbewusstsein: Wenn jemand »auf eigenen Füßen steht«, »auf großem Fuß lebt«, »seinen eigenen Weg geht«, »voll hinter etwas steht« oder »Rückgrat beweist«, dann verdeutlicht unsere Sprache, wie stark unser Unterbewusstsein auf die Wahrnehmung von Körpersprache geeicht ist.
Psychologische Untersuchungen zeigen, dass wir im Zweifelsfall mehr der Körpersprache als der gesprochenen Sprache glauben: Wenn ein Mann seiner Ehefrau sagt: »Natürlich möchte ich mit dir reden«, dabei aber weiter in den Fernseher guckt, werden die meisten Frauen die Ernsthaftigkeit seiner Aussage sehr infrage stellen.
Kinder haben in manchen Lebenssituationen wenig Gelegenheit, ihre Gefühle auszudrücken, entweder, weil sie es noch nicht können, oder weil es niemand hören will. Wenn ein Kind neben der Freude über das neue Geschwisterkind auch Unbehagen über die – nicht selbst gewählten – Veränderungen spürt oder durch den Wutausbruch eines Elternteils verunsichert ist, dann führt die Äußerung dieser Gefühle nicht unbedingt zu einer Verbesserung der Situation. Vielleicht werden die Eltern dem Kind seine Gefühle ausreden wollen, zum Beispiel: »Wir haben dich doch genauso lieb wie vorher.« Wenn das Kind seine Verletztheit äußern würde, könnte ein weiterer Wutausbruch folgen: »Erst provozierst du mich, und dann meckerst du auch noch rum – du solltest dankbar sein, dass ich überhaupt noch mit dir rede.«
So bleibt die Körpersprache ein wichtiges Mitteilungssignal des Kindes.

- Erfahrung von Unberechenbarkeit, Unbeherrschtheit, Impulsivität, Wutausbrüchen oder gar Gewalt durch Eltern oder Geschwister. In diesem Fall sagt die Körpersprache: »Bitte, tu mir nichts, beschütze mich.«

Niedrige Muskelspannung und Ungeschicklichkeit sind in erster Linie anlagebedingt und nicht Folge elterlichen (Fehl-)Verhaltens. Dennoch lohnt es sich für Eltern, das eigene Verhalten im Umgang mit dem ungeschickten Kind zu reflektieren. Wenn Martin aufgrund seiner niedrigen Muskelspannung nicht lange auf einem Stuhl sitzen kann, aufgrund seiner Ungeschicklichkeit aber das Brot geschmiert bekommt und später vom Vater (der sich für seinen »Schlappi-Sohn« schämt) angeherrscht wird, ob er nicht einmal still sitzen kann, gibt es für Martin gute Gründe, schlapp zu bleiben.

Interessanterweise zeigen wissenschaftliche Untersuchungen, dass die körpersprachlichen Zeichen der Ungeschicklichkeit (messbar zum Beispiel an den Bewegungen einer Hand, wenn die andere eine schwierige Aufgabe ausführen soll) über die Jahre – ob mit oder ohne Therapie – nach der Pubertät in der Regel verschwinden. Dennoch sind motorisch ungeschickte Kinder als Erwachsene häufiger ängstlicher und unselbstständiger als andere.

Ich kenne keine Eltern, die wirklich *wollen*, dass ihr Kind ängstlich und unselbstständig wird. Hier kommt ein unglückliches Zusammenspiel zwischen den Anlagen des Kindes und der gut gemeinten, zutiefst menschlichen Reaktion seiner Eltern zum Tragen. Der Vorteil dieses Beziehungsmusters besteht aber in der Verstärkung der elterlichen Zuwendung.

✗ *Das Wichtigste in Kürze*

Motorische Entwicklungsverzögerungen sind oft anlagebedingt, werden aber durch überbehütende Reaktionen der Umwelt verstärkt. Wenn Sie ein motorisch ungeschicktes Kind haben, achten Sie darauf, ihm so viel Selbstständigkeit wie irgend möglich zu ermöglichen, und versuchen Sie, verwöhnendes Verhalten zu erkennen und zu vermeiden.

Sprachstörungen

Eine Sprachentwicklungsverzögerung oder ein Stottern sind eine große Belastung für Kinder. Stellen Sie sich vor, in einem fremden Land zu sein, in dem niemand Ihre Sprache versteht. Sie können sich zwar mit Händen und Füßen etwas zu essen und trinken organisieren; auch Ihr Bedürfnis zu schlafen werden Ihre Mitmenschen wahrscheinlich erahnen. Aber Sie haben keine Chance, Ihre Erinnerungen an den gestrigen Tag mit jemandem zu teilen, Ihre Wünsche oder Sorgen auszudrücken, ein Missverständnis zurechtzurücken oder einen Sachverhalt aus Ihrer Sicht darzustellen, wenn Ihnen jemand Unrecht tut. Von wegen: Reden ist Silber und Schweigen ist Gold!
Vielleicht würden Sie vor lauter Verzweiflung nach kurzer Zeit zu weinen beginnen, und ich glaube, dass auch Säuglinge und Kleinkinder manchmal weinen, weil sie wegen der vielen Missverständnisse einfach verzweifelt sind.

Marie

Marie ist zwei Wochen alt, und ihre Eltern würden alles tun, damit sie nicht mehr so viel weint. Leider können Maries Eltern ihre Neugeborenen-Sprache nicht so gut verstehen. Mal schreit Marie vor Völlegefühl und bekommt zur Beruhigung eine Flasche. Wenn sie dann vom vielen Schreien hungrig ist, wird sie ins Bett gelegt, und als sie sich endlich in Ruhe in den Schlaf weinen will, wird sie wieder auf dem Arm geschaukelt.
»Herr Doktor, wir haben alles versucht, sie hat die ganze Nacht geschrien«, heißt es dann am nächsten Morgen in der Sprechstunde. Woher sollen Eltern auch wissen, warum Marie in dem Moment schreit? Es dauert schließlich ein paar Monate, bis Eltern am Schreien erkennen, wann das Baby eine Flasche, wann Streicheleinheiten und wann es Ruhe braucht.

Hinweis: Wenn Ihr Baby übermäßig viel schreit, sollten Sie Ihren Kinderarzt aufsuchen. Für exzessiv schreiende Säuglinge (viele Stunden täglich über mehrere Tage) gibt es in vielen Städten inzwischen sogenannte Schreiambulanzen, die Ihnen helfen können.

Aber wenn das Leid des Nicht-sprechen-Könnens so groß ist, worin soll dann der Vorteil bestehen? Die Antwort fand ich in einer Rollenspielanweisung für Eltern stotternder Kinder:
Ein Elternteil spielt den Bäcker, ein anderer einen Kunden, der ein verschimmeltes Brot vom Vortag umtauschen möchte, die übrigen Eltern sind die Kunden im vollen Laden. Typischerweise geht das Gespräch ein paarmal hin und her:

Der Kunde beschwert sich, der Bäckermeister rechtfertigt sich, das könne gar nicht sein, habe er noch nie erlebt etc. Dann wird das Rollenspiel noch einmal gespielt. Diesmal stottert der Kunde: »D-d-d-d-dieses B-b-b-b-rot ha-ha-ha-be iiiiiich gggestern h----ier gekkkkkkauft ...«
Dabei wird den Eltern rasch klar, welcher der Kunden wohl die größeren Chancen auf ein frisches Brot hat.

Um Missverständnisse zu vermeiden, möchte ich nochmals betonen: Kinder stottern nicht, um einen Vorteil zu erlangen, und sprechen auch nicht absichtlich falsch. Aber bei vielen Kindern mit Sprachauffälligkeiten ist zu beobachten, dass ihre Symptomatik je nach Situation unterschiedlich ausgeprägt ist, und sich zum Beispiel bei Aufregung verstärkt. In diesem labilen Gleichgewicht zwischen leichter und deutlicher Symptomatik spielt es (leider) auch eine Rolle, ob das Kind mit seiner Symptomatik auch Vorteile hat. Vorteile aus Sicht des Kindes können zum Beispiel in folgenden Situationen entstehen:

- Die Eltern erfüllen Wünsche, weil man mit dem schwer verständlichen Kind nicht richtig diskutieren kann oder dies zu lange dauert (wie im Beispiel mit dem Bäcker).

- Die Eltern oder andere Bezugspersonen bemitleiden das Kind und bevorzugen es vor den Geschwistern.
- Die Eltern ergreifen bei einem Geschwisterstreit eher die Partei des sprachgestörten Kindes, weil es sich nicht selbst gut genug ausdrücken kann.

Natürlich sind diese Vorteile nicht die Ursache der Sprachstörung. Aber wer einmal mit geringen Sprachkenntnissen allein in einem fremden Land gewesen ist, der weiß, wie unendlich anstrengend es ist, sich mit seinen wenigen Worten verständlich zu machen. Wem wollte man es da verübeln, wenn man sich nicht immer maximal anstrengt, alles richtig auszusprechen! Vielleicht geht es Kindern ja ähnlich.

✗ Das Wichtigste in Kürze

Eltern sprachgestörter Kinder haben es schwer, und es ist unmöglich, alles richtig zu machen, da jede Störung neben vielen Nachteilen auch ein paar Vorteile bringen kann.
Das können Sie als Eltern sprachgestörter Kinder tun:
Versuchen Sie, das sprachgestörte Kind nicht zu bevorzugen.
Praktizieren Sie FamilienErgo mit Ihrem Kind. Beim Sockenlegen, Tischdecken, Gemüseschälen und Einkaufen muss Ihr Kind nichts sagen. Es kann durch sein Handeln zeigen, dass es Sie verstanden hat, und sich selbst und allen anderen beweisen, dass es nicht begriffsstutzig ist. Ganz nebenbei erlebt es bei diesen Tätigkeiten, was mit Begriffen wie »davor, daneben, größer, länger« etc. gemeint ist, und kann die Begriffe im Handeln begreifen. Konkrete Hinweise zum Umgang mit auffällig laut, viel oder leise sprechenden Kindern finden Sie auf Seite 63 ff.

»Muttertaubheit«: Schlecht hören kann er gut!

Das Wort »hören« wird im Deutschen in zwei verschiedenen Bedeutungen verwendet: zum einen für die Wahrnehmung von Geräuschen oder Stimmen, zum anderen für die Reaktion auf das Gehörte, was aus Elternsicht im Idealfall auf ein Befolgen oder Gehorchen hinausläuft. Dabei hören Kinder manchmal auch solche Sätze:

- »Musst du immer deinen kleinen Bruder ärgern?«
- »Unser kleiner Tollpatsch hat mal wieder was vergossen.«
- »Wenn irgendwo etwas kaputtgeht – Sven ist dabei.«
- »Sie isst seit Wochen nichts, Herr Doktor, nichts!«
- »Schlecht hören kann er gut.«
- »Kannst du dich nicht einmal konzentrieren?«

Fast alle Eltern sagen solche Sätze hin und wieder, manchmal aus Gedankenlosigkeit, manchmal aus Verzweiflung, sicher aber nie in der Absicht, dem Kind und sich selbst zu schaden.

Was haben diese Sätze gemeinsam? Es sind Verallgemeinerungen negativer Eigenschaften. Verallgemeinerungen entspringen unserem Bedürfnis, die Welt und das Verhalten anderer Menschen voraussehen zu können und dadurch unser Leben und das unserer Familie sicherer zu machen. Eine gute und sinnvolle Angewohnheit in einer manchmal chaotischen und sich rasch ändernden Welt.

Leider handelt es sich hierbei auch um Negativprogrammierungen: Aufgrund eines mehrfach beobachteten Verhaltens wird das Kind auf eine Eigenschaft als Unruhestifter, Tollpatsch, Zerstörer, Essverweigerer oder Zappelphilipp festgelegt. Das ist nicht nur unglücklich für alle Beteiligten, sondern meist auch nicht gerecht (s. Beispiel Fabian und Lisa). Nach meiner Erfahrung haben Kinder oft einen ausgeprägten Gerechtigkeitssinn. Ungerechtfertigte Anschuldigungen machen Kinder genauso wütend wie Erwachsene und tragen damit nicht gerade zu einem ausgeglichenen Familienklima bei.

Fabian und Lisa oder: Gerechtigkeit ist eine Frage des Blickwinkels

11 Uhr an einem normalen Donnerstag in meiner Sprechstunde. Die Mutter von Fabian berichtet mir von der Essproblematik des Dreieinhalbjährigen, der hinter dem Rücken der Mutter mit seiner zwei Jahre alten Schwester Lisa spielt. Aus den Augenwinkeln kann ich beide beobachten. Als es Lisa nicht gelingt, ein Holzpuzzleteil in die entsprechende Form einzufügen, nimmt Fabian es ihr aus der Hand, um ihr zu zeigen, wie sie es drehen muss. Darauf fängt sie an zu schreien, weil sie befürchtet, dass er ihr das Teil wegnehmen wird. Die Mutter dreht sich um und ruft entrüstet: »Kannst du sie nicht *einmal* in Ruhe lassen!?«

Aus der Sicht der Mutter ist das berechtigt: Schließlich musste sie heute schon fünf ähnliche Situationen schlichten, bei der Fabian der Kleinen etwas wegnimmt, obwohl sie ihm schon zigmal gesagt hat, er solle sie in Ruhe lassen.

Aus Fabians Sicht ist das eine schreiende Ungerechtigkeit: Erstens hat er sie zehn Minuten lang in Ruhe gelassen und höchstens zehn Sekunden gestört. Da stimmt es ja gar nicht, wenn die Mutter sagt, er würde sie nie in Ruhe lassen.

Zweitens wollte er ihr bloß helfen und drittens bekommt er schon wieder Schimpfe, obwohl er gar nichts gemacht hat. Typisch ungerecht. Er ist so wütend, dass er der Mama am liebsten einmal zeigen würde, wie es ist, wenn er die Schwester *wirklich* ärgert. Aber er schluckt seinen Ärger herunter und spielt mit etwas anderem. Nur schade, dass es niemand bemerkt, was für eine großartige Leistung an Selbstbeherrschung er gerade vollbracht hat. Die Erwachsenen sind längst wieder am Reden – ob die es geschafft hätten, bei so einer ungerechten Anschuldigung so ruhig zu bleiben?

Ein Kind, das regelmäßig, vielleicht sogar mehrfach täglich solche Botschaften hört, hat verschiedene Möglichkeiten, darauf zu reagieren:

1. Schuldgefühle

Das Kind kann verinnerlichen, dass es sowieso ein Versager ist, der alles falsch macht und nicht wert ist, geliebt zu werden.

Um die eigene Seele vor dieser vernichtenden Botschaft zu schützen, können die meisten Kinder glücklicherweise noch auf zwei weitere Arten reagieren:

2. Akzeptanz

Kinder versuchen (fast) immer, den Erwartungen ihrer Eltern gerecht zu werden, im Guten wie im Schlechten. Bei Negativprogrammierungen könnte das Kind sich denken: »Also bitte, wenn ihr (die Eltern) mich für einen Tollpatsch, Unruhestifter oder Essverweigerer haltet, dann tue ich euch den Gefallen und verhalte mich auch so.« Dafür erhält der Tollpatsch immerhin körperliche Zuwendung beim Anziehen, der Unruhestifter Aufmerksamkeit und der Essverweigerer wird mit sehr kreativen Spielchen bei der Nahrungsaufnahme belohnt. Langfristig ist diese Anpassung an die geäußerten elterlichen Erwartungen für die Kinder aber keine gute Lösung: Der Tollpatsch wird verwöhnt und eingeengt, der Unruhestifter erfährt elterliche Wutausbrüche und das Essen wird zum Dauerstress.

Aus der Sicht des Kindes ist daher die dritte Möglichkeit die gesündeste Art, um mit Negativbotschaften umzugehen:

3. Auf Durchzug stellen

Wer von seiner Wahrnehmungsverarbeitung her dazu in der Lage ist, hat durch diese Möglichkeit viele »Vorteile«:

- Von 20 Negativbotschaften am Tag hört man vielleicht nur vier – damit kann man noch umgehen, ohne vor Scham im Boden zu versinken.
- Es bleibt einem manches erspart. Warum soll man sich bücken, wenn man »Personal« hat? Natürlich fragt das Personal vorher höflich: »Könntest du jetzt bitte deine Unterhose aufheben?« Aber als Prinzessin oder Prinz lernt man schnell, dass das Personal die Hose auch von allein aufhebt, wenn man so tut, als hätte man das nicht gehört.
- Auch gelegentliche stümperhafte Erpressungsversuche (»Wenn du die Hose jetzt nicht aufhebst, geht es nicht in

den Kindergarten«) kann man so gelassen aussitzen. So wie alle anderen Drohungen, die sowieso nie umgesetzt werden.

- Bei den danach gelegentlich folgenden Wutausbrüchen ist es sowieso besser, auf Durchzug zu stellen, um nicht hören zu müssen, was für ein schlimmer Mensch man ist. Mit Durchzug kann man wenigstens hoffen, dass der Stress irgendwann vorbeigeht.

Das Nicht-hören-Wollen kann also sowohl als Bequemlichkeit des Kindes als auch als Schutz vor Entgleisungen und ungerechten Anschuldigungen der Erwachsenen verstanden werden und sichert damit – manchmal – die Stabilität der kindlichen Seele.

Das können Sie tun

Wenn Sie ein Kind haben, das schlecht hört, kleben Sie einen Bogen Papier an Ihren Küchenschrank oder an eine andere Stelle, an der Sie häufig vorbeikommen. Teilen Sie das Blatt Papier in zwei Spalten ein und machen Sie Striche für jede der folgenden Äußerungen (s. Seite 155).

So können Sie leicht feststellen, ob die Sätze, die Ihr Kind hört, auch dafür geeignet sind, dass es sie befolgt. Wenn Sie eine Waage mit zwei Waagschalen haben, können Sie auch eine Erbse in die entsprechende Waagschale legen. Am Ende des Tages sollte die Waage deutlich nach rechts zeigen. Bei der Methode mit dem Blatt Papier sollten Sie rechts deutlich mehr Striche als links haben.

Das begünstigt Nicht-Hören	Das begünstigt Hören
• jede negative Verallgemeinerung wie die Sätze auf Seite 150 Mitte.	• jede positive Verallgemeinerung wie »Muttis große Hilfe«, »Du bist immer so vorsichtig«
• jede Aufforderung, die Sie ausgesprochen, aber nicht durchgesetzt haben (zum Beispiel: »Komm jetzt!« – danach haben Sie aber nicht gehandelt, obwohl Ihr Kind weitergetrödelt hat)	• jede erfolgreich umgesetzte Aufforderung
• jede Drohung oder Strafe, die Sie nicht umgesetzt haben	• jede durchgehaltene Konsequenz
• jede Beschimpfung (»Halt die Klappe!«, »Spinnst du?«, »Du hast sie wohl nicht alle!«); ob eine Bezeichnung eine Beschimpfung ist, können Sie daran erkennen, ob Sie diesen Satz auch zu einer Freundin oder einem Freund sagen würden*	• jedes Lob
• jede mit »nicht« formulierte Warnung (zum Beispiel: »Schneide dich nicht« oder »Fall da nicht runter«)	• jede positiv formulierte Warnung, zum Beispiel: »Haltet die Gurke beim Abschneiden weiter außen« oder »Halte dich an dem Ast fest«

*Zwar sollen Eltern nicht die Freunde ihrer Kinder sein, aber wenn alles, was Kinder zu hören bekommen, so formuliert wäre, wie man es auch einer Freundin sagt, wäre das Leben für alle einfacher. Einer Freundin würde man zum Beispiel nicht sagen: »Du siehst aus wie ein Schwein«, sondern: »Hier ist übrigens die Dusche.«

Keine Zeit?

Gerade wenn Sie wenig Zeit haben, kann FamilienErgo für Sie sinnvoll sein: Überlegen Sie einmal, wie viel Zeit und Nerven Sie sparen, und wie viel Freude Sie gewinnen, wenn

- Ihr Kind sich jeden Morgen alleine anzieht, während Sie in Ruhe ins Bad gehen,
- Sie zusammen die Wäsche legen, oder
- Ihr Kind am Sonntag die Brötchen holt, anstatt vor dem Frühstücksfernsehen zu sitzen.

Um dies zu erreichen, müssen Sie lediglich

- circa sechs Wochen lang je fünf Minuten morgens investieren, um das Anziehtraining durchzuführen,
- Ihr Kind beim Wäschelegen mit einbeziehen (das dauert nun wirklich nicht länger, als wenn Sie es allein tun) und
- so lange mit dem Fahrrad oder zu Fuß zum Bäcker fahren oder gehen, bis Ihr Kind das allein kann. Das dauert zwar etwas länger als mit dem Auto, bringt Ihnen aber auch eine zusätzliche Portion frische Luft und Bewegung.

Vielleicht können Ihnen auch folgende Gedanken helfen, das Zeitproblem zu relativieren:

- Jedes Kind muss bis zur Schule lernen, sich allein anzuziehen, wenn es nicht im Sportunterricht zum Gespött der Klasse werden soll. Als Eltern haben Sie die Wahl, ob

Sie Ihrem Kind das selbstständige Anziehen mit drei oder vier Jahren beibringen und die folgenden zwei Jahre von der Stress- und Zeitersparnis profitieren oder ob Sie zwei Jahre länger der persönliche Butler Ihres Kindes sein möchten.

- Egal, ob Sie viel oder wenig Zeit haben, die Hausarbeit muss ohnehin erledigt werden. Mit FamilienErgo können Sie die Zeit, die Sie mit Routinetätigkeiten verbringen, in eine Eltern-Kind-Zeit verwandeln, in der Sie etwas mit Ihrem Kind gemeinsam tun, eine positive Vorbildfunktion übernehmen und Gelegenheit zu ehrlich gemeintem Lob haben.

Zeitmangel überwinden

Wenn Sie neben Ihrem Vorschulkind auch noch anstrengende Zwillinge haben, keine Eltern oder Freunde vor Ort haben und (quasi) alleinerziehend sind, reicht Ihre Zeit vermutlich wirklich nur, um die Grundbedürfnisse der Kinder nach Nahrung, Zuwendung und Körperpflege zu befriedigen.
Fast alle Menschen haben allerdings Zeitreserven, um fünf bis zehn Minuten täglich in die Entwicklung ihres Kindes zu investieren – Zeit, die Sie mit Zinsen zurückerhalten, wenn Ihr Kind Ihnen bei den täglichen Verrichtungen helfen kann.
Nachfolgend sehen Sie eine Auflistung weitverbreiteter »Zeitdiebe«. Überlegen Sie, wie viele Minuten Sie in den vergangenen sieben Tagen mit folgenden Tätigkeiten verbracht haben:

Zeitdieb	Minuten/Woche
Fernsehen geguckt oder »gezappt«, ohne bewusst eine Sendung auszusuchen	
Im Internet nur mal so »rumgeklickt«, ohne etwas zu kaufen oder eine notwendige Information zu erhalten	
Freizeitelektronik genutzt, zum Laufen gebracht oder nach »Schnäppchen« Ausschau gehalten	
Mit Kollegen/Freunden über Kleidung, Aussehen oder Verhalten Dritter gesprochen (oder gelästert), oder telefoniert, um die Folgen solcher Gespräche zu relativieren	
Aufgaben übernommen, die Ihnen keine Freude gebracht haben, nur weil Sie nicht Nein sagen konnten	
Noch einmal kurz einkaufen gefahren, weil Sie etwas vergessen haben, als Sie ohne Liste einkaufen gegangen sind	
Serien-E-Mails mit Sonderangeboten oder Aktionen/Gewinnspielen gelesen	

Natürlich ist nichts gegen alle diese Tätigkeiten einzuwenden, wenn Sie Ihnen Freude und Entspannung bringen. Aber wenn Sie das Gefühl haben, keine Zeit zu haben, dann könnten Sie überlegen, ob Sie den einen oder anderen Zeitdieb mal in seine Schranken weisen und dafür Zeit für die Dinge haben, die Ihnen wirklich wichtig sind, wie den Schulerfolg und die Selbstständigkeit Ihres Kindes. Schließlich reichen fünf bis zehn Minuten Anleitungszeit täglich aus, um Ihr Kind nach und nach in die FamilienErgo-Tätigkeiten einzuführen.

Sie sind der Chef Ihres Zeitkontos und dürfen und müssen entscheiden, wofür Sie Ihre Zeit einsetzen. Leider ist diese Lebenskunst weder angeboren noch lernt man sie in der Schule. In den letzten Jahren sind viele Bücher zum Thema Zeitmanagement und Lebenszielsetzung erschienen, die sich auch und gerade an Menschen wenden, die das nicht (nur) für ihren Beruf, sondern auch für das Management einer Familie und zur Erlangung von Lebenszufriedenheit einsetzen möchten. Mir persönlich hat *Simplify your life. Einfacher und glücklicher leben* von Werner Tiki Küstenmacher und Lothar J. Seiwert dabei sehr geholfen.
Wer keine Zeit hat, um sich um sein Zeitmanagement zu kümmern, dem empfehle ich die Geschichte von der stumpfen Säge:

Die stumpfe Säge

Ein Mann geht durch den Wald und trifft auf einen Forstarbeiter, der sich reichlich abmüht, mit einer stumpfen Säge einen dicken Ast durchzusägen. Als der Mann ihm rät, seine Säge zu schärfen, antwortet der Forstarbeiter: »Nein, das geht nicht, dafür habe ich keine Zeit.«

Auch der Terminplan eines Kindes muss von Zeit zu Zeit auf den Prüfstand. In vielen Städten gibt es ein so hervorragendes Angebot von Freizeitkursen für Kinder, dass ein Leben gar nicht ausreicht, um an allen Kursen teilzunehmen, die Bildung, Entspannung, Wissensvorteil oder Spaß versprechen. Auch hier gilt: Weniger ist oft mehr. Das ungeplante, unbefangene, spontane Spiel der Kinder untereinander (oder

allein im Zimmer) sollte bei jedem Kind einen festen Platz im Wochenplan erhalten und ist mindestens genauso wichtig wie Kurse und Seminare.

✗ *Das Wichtigste in Kürze*

Nutzen Sie Ihre Zeit für die Dinge, die Ihnen wirklich wichtig sind. Betreiben Sie aktives Zeitmanagement, wenn Sie den Eindruck haben, keine Zeit zu haben.

König Fernseher entthronen

Kinder lernen vor allem durch eigenes Handeln. Es gibt aber nur wenige Möglichkeiten, ein Kind von eigenem Handeln abzuhalten: Entweder man fesselt es an einen Stuhl – oder man setzt es vor den Fernseher.
Wie tief greifend und schwerwiegend Fernsehkonsum die Voraussetzungen für den Schulstart verschlechtert, zeigt eine Untersuchung des Gesundheitsamtes Göttingen. Im Jahr 2004 und 2005 wurden die Mann-Zeichnungen von 1859 Vorschulkindern ausgewertet.* Bei der Schuluntersuchung wurden die Eltern auch gebeten, den täglichen Fernsehkonsum ihres Kindes anzugeben. In der oberen Zeile (a.) der nach-

---

*Winterstein, Peter, Jungwirth, Robert J.: »Medienkonsum und Passivrauchen bei Vorschulkindern – Risikofaktoren für die kognitive Entwicklung?«, in: *Kinder- und Jugendarzt*, 37. Jg. (2006), H. 4. Abdruck der Zeichnungen auf Seite 161 mit freundlicher Genehmigung des Schmidt-Römhild-Verlags, Lübeck nachfolgenden Abbildung sehen Sie die Zeichnungen der Kinder, die höchstens 30 Minuten täglich fernsahen. In der unteren Zeile (b.) sind Beispiele von Kindern abgebildet, die mehr als drei Stunden täglich vor der Flimmerkiste saßen. Es fällt nicht schwer, sich vorzustellen, welche Kinder es beim Nachzeichnen von Buchstaben wohl leichter haben werden.

Kritiker könnten einwenden, dass es sich hier um willkürlich herausgesuchte Beispiele handelt, um das Fernsehen schlecht zu machen. Dieser Einschätzung widerspricht die statistische Auswertung. Dafür wurde jede Zeichnung mit Punkten für vorhandene Körperteile bewertet, maximal konnten 13 Punkte erreicht werden. In der Analyse zeigte sich, dass die Zeichnungen umso schlechter wurden, je länger die Kinder fernsahen: Von durchschnittlich 10,4 Punkten bei einer täglichen Fernsehdauer von 30 Minuten sank der Wert auf durchschnittlich 6,4 Punkte bei einem Fernsehkonsum von 200 Minuten täglich. Die Autoren der Studie befürchten somit einen ursächlichen Zusammenhang zwischen Fernsehdauer und geringen visuomotorischen Fähigkeiten.

Nicht berücksichtigt wurde in dieser Untersuchung die Schulbildung der Eltern. Es wäre ja denkbar, dass die Kinder von Eltern mit geringerem Schulabschluss von ihren Anlagen her auch schlechtere Voraussetzungen fürs Malen haben und außerdem – zufälligerweise – auch eher mehr fernsehen als die Kinder aus dem Bildungsbürgertum. Viele Untersuchungen zeigen, dass Medienkonsum in den unteren Bildungsschichten tendenziell (aber nicht immer!) weiter verbreitet ist als in höheren Bildungsschichten. Die Vielzahl der Untersuchungen, die schlechteres Abschneiden bei psychomotorischen Tests bei Vielsehern zeigen, lassen aber vermuten, dass die vor dem Fernsehgerät verbrachten handlungsfreien Stunden für das Entwicklungsrisiko verantwortlich sind. Und wer bisher immer noch nicht glaubt, dass elektronische Medien ein wesentliches Risiko für Schulversagen darstellen, dem sei das Buch *Vorsicht Bildschirm!* von Manfred Spitzer empfohlen.

Die meisten Eltern, die ich im Sprechzimmer berate, haben von der Schädlichkeit übermäßigen Fernsehkonsums im Vorschulalter zumindest schon gehört. Das Problem besteht darin, die Kinder vom Fernsehen loszureißen und die damit verbundenen Konflikte auszuhalten. Wenn es Ihnen ähnlich geht, können Ihnen vielleicht die folgenden Gedanken helfen.

Eltern als Manager

»Jedes Kind ist ein Unternehmer, es unternimmt ständig etwas. Aber es ist noch nicht selbstständig und braucht (mindestens) einen Manager, der geeignete Aufgaben auswählt, einteilt, Entscheidungen vorbereitet und es zu neuen

Erfahrungen führt«, schreibt der Kinderarzt und Ergotherapeut Eckhard Ziegler-Kirbach.

Natürlich ist es wichtig, dass Eltern ihren Kindern Kompetenz bei Entscheidungen zutrauen. Ob ein Kind Hunger auf Marmelade oder Käse hat, ob ihm zu heiß ist, um die Jacke zuzumachen, oder ob es jetzt auf die Toilette muss, kann nur das Kind selber spüren. Bei langfristigen Entscheidungen braucht das Kind jedoch den Manager mit »Weitblick«.

So wie ein Kind noch nicht abschätzen kann, dass es übergewichtig und krank werden kann, wenn es ständig nur die süßesten, fettesten und wohlschmeckendsten Nahrungsmittel zu sich nimmt, so braucht ein Kind auch in anderen Bereichen einen Menschen mit »Leuchtturmblick«, der dem Kind jenseits der momentanen Bedürfnisse den Weg zum Erwachsenwerden zeigt.

Warten Sie daher nicht darauf, dass dem Kind das Fernsehen (oder die Süßigkeiten) zu viel werden. Schließlich hat es ein Heer von gut bezahlten Profis darauf abgesehen, genau Ihr Kind vor dem Fernseher festzuhalten, damit die Kinder (beziehungsweise Sie) die richtigen Produkte kaufen, von deren Herstellern die Programmmanager ihr Geld erhalten. Machen Sie sich klar, dass der Kampf gegen übermäßigen Medienkonsum eine wichtige Schlacht ist, die Sie auf dem Weg zur Schulvorbereitung nicht verlieren dürfen. Leider kämpfen Sie dabei als David gegen den Riesen Goliath, aber Sie sind nicht unbewaffnet.

Das Fernsehen gibt Ihnen Macht

Vergegenwärtigen Sie sich, dass das Fernsehen nicht zu den Grundbedürfnissen des Menschen gehört. Kinder haben gar nicht so viele Bedürfnisse. Was sie wirklich brauchen, ist Nahrung, Kleidung, Schutz vor Bedrohung und liebevolle Zuwendung. Fernsehen gehört also nicht dazu. Spätestens wenn Sie das Netzkabel ziehen und wegsperren, bleibt das Fernsehen aus – leider allerdings auch für Sie. Natürlich hat jedes Kind das Recht, Ihnen mitzuteilen, was es von dieser Entscheidung hält. Wenn Sie die anfängliche Ablehnung aushalten können, werden Sie nach wenigen Stunden, spätestens am nächsten Tag bemerken, wie positiv sich das Zusammenleben verändert, wenn Kinder weniger fernsehen und das ewige Diskutieren über die Fernsehdauer entfällt. Wenn Sie diesen Schritt geschafft haben, können Sie Fernsehen positiv einsetzen: Wenn Fernsehen von Kindern nicht mehr als selbstverständlich wahrgenommen wird, eignet es sich als Belohnung für Anstrengungsbereitschaft und positive Veränderungen.

Sie können zum Beispiel einen Punkteplan anfertigen: Für jede Mithilfe im Haushalt (Tisch decken, Spülmaschine ausräumen, Altpapier wegbringen etc.) erhält das Kind Punkte, die es zum Beispiel gegen Fernsehminuten eintauschen kann. Besonders attraktiv werden Punktepläne, wenn die Kinder für soziales Verhalten auch mit gemeinsamen Aktivitäten (Schwimmbad, Abenteuerspielplatz, Spiele spielen) belohnt werden. Andererseits wirken Belohnungen, die sofort erfolgen, am stärksten lernfördernd. Die einfache Gleichung »Mittagstisch abgeräumt und Hausaufgaben bis 15 Uhr ohne Maulen erledigt bedeutet 30 Minuten Lieblingssendung am Abend« verstehen Kinder sehr schnell, genauso das Gegenteil: Keine Punkte = kein Fernsehen. Punkt.

Alternativen bieten

Ideal ist es, wenn Sie im Fernsehentzug die Dinge tun, die für Kinder noch besser geeignet sind als Fernsehen: etwas gemeinsam unternehmen, unterstützen, loben, zum Beispiel, indem Sie gemeinsam das Gemüse für das Abendrot vorbereiten und Ihr Kind den Dip mischen darf (s. Seite 118).

Natürlich wird kein Kind den Fernseher ausschalten, wenn Sie es vor dem Fernsehgerät sitzend fragen, ob es jetzt mit Ihnen das Abendbrot vorbereiten möchte. Zuerst muss der Fernseher – wie hoffentlich vorher verabredet – nach der Sendung ausgeschaltet werden. Wenn Sie Ihr Angebot danach machen, wird Ihr Kind das vermutlich lieber annehmen und im Endeffekt viel zufriedener sein, als wenn es noch länger vor dem Fernseher gesessen hätte.

Der Manager erzieht zur Medienkompetenz

Fernsehen ist selbstverständlicher Teil unserer Gesellschaft, und Kinder müssen lernen, mit dieser ständigen Verlockung umzugehen. Mit einem Punkteplan wie oben vorgeschlagen sorgen Sie für das nötige Gleichgewicht zwischen Aktivität und Fernsehen. Als (Familien-)Manager sind Sie auch Vorbild: Zappen Sie manchmal auch nur so herum oder lassen Sie das Fernsehen manchmal einfach nur nebenherlaufen? Kinder lernen viel mehr an Ihrem Vorbild als an allen Erklärungen zusammen. Nehmen Sie den Fernsehkonsum Ihres Kindes als Anlass, Ihren eigenen Umgang mit Medien zu hinterfragen.

So erziehen Sie Ihr Kind zur Medienkompetenz

- Sehen Sie Fernsehen als Belohnung und nicht als Selbstverständlichkeit.
- Loben Sie Ihr Kind besonders, wenn es die am schwierigsten zu bedienende Taste der Fernbedienung gedrückt hat: die Aus-Taste.
- Achten Sie darauf, dass Ihr Kind eine bestimmte Sendung sieht anstatt einfach Fernsehen zu gucken.

- Fragen Sie nach, was Ihr Kind gesehen hat. So zeigen Sie nicht nur Interesse, sondern fördern auch die sprachliche Fähigkeit, Geschehnisse zu wiederholen und zusammenzufassen.

- Suchen Sie Hilfe, wenn Sie merken, dass der Fernseher stärker ist als Sie.

Die Tricks der Profis nutzen

Eltern können nicht die Therapeuten ihrer Kinder sein. Andererseits müssen Eltern auch nicht die Hände in den Schoß legen, wenn es Schwierigkeiten gibt. Manche Eltern profitieren davon, wenn sie wissen, wie »Profis«, also Therapeuten, Psychologen und (Heil-)Pädagogen Schwierigkeiten überwinden.
Eine Schritt-für-Schritt-Anleitung zur Selbsthilfe findet sich im lebensnahen Buch *Ich schaff's!* von Ben Furman. Die Wichtigkeit der positiven Formulierung wird im Buch *Das Geheimnis glücklicher Kinder* von Steve Biddulph ausführlich erläutert und beschrieben. Hier sollen daher nur stichwortartige Hinweise gegeben werden.
Folgende Strategien erfolgreicher Therapeuten können Sie auch bei der häuslichen Förderung nutzen:

- Setzen Sie in dem Bereich, in dem Ihr Kind dazulernen soll, Ihre Erwartungshaltung erst mal auf »Null«.
- Lösen Sie sich von vergleichenden Gedanken – jedes Kind ist einzigartig!
- Werfen Sie Schuldballast ab – zum Beispiel das Gefühl, bisher etwas versäumt zu haben. Es ist nie zu spät, etwas zu lernen (sonst könnte ja niemand im Erwachsenenalter so etwas Kompliziertes wie Autofahren lernen).
- Gehen Sie nur schrittweise vor. Jeder Schritt der FamiliEnErgo ist so konzipiert, dass er – für sich genommen – leichtfällt.

- Loben Sie kleinste Fortschritte.
- Gehen Sie erst dann zur nächsten Stufe, wenn Ihr Kind den ersten Schritt sicher beherrscht. Ihr Kind bestimmt das Tempo – nicht die Vorstellung anderer.
- Achten Sie auf eine positive Grundstimmung. Versuchen Sie keine FamilienErgo, wenn Sie gerade »sauer« auf Ihr Kind sind. Dabei würde die FamilienErgo zur Strafarbeit und Ihre positive Botschaft »Das traue ich dir zu« würde gar nicht richtig ankommen.
- Versuchen Sie zu erspüren, wenn Ihr Kind lernbereit ist.
- Vermeiden Sie Motivationskiller und sprechen Sie motivierend. Motivierende Sprache kann jeder lernen – sie ist übrigens nicht nur im Umgang mit Kindern, sondern auch bei Verhandlungen mit dem Chef, einer Beschwerde bei der Stadtverwaltung oder der Motivation des Ehepartners nützlich. Beispiele für eine motivierende Sprache sehen Sie in der Tabelle auf der Seite 169.

Wenn Sie nach dieser Aufzählung denken: »Leicht gesagt, aber schwer getan«, suchen Sie sich Hilfe bei einer der immer populärer werdenden Elternschulungen (Adressen auf Seite 189) oder den örtlichen Erziehungsberatungsstellen, die Sie in jeder Stadt und Gemeinde kostenlos nutzen können.

Motivationskiller	Motivierende Sprache
»Also in deinem Alter müsstest du das längst können.« (Stellt das Gegenüber als Versager dar.)	»Ich finde es toll, dass du das noch mal versucht hast, obwohl es dir schwerfällt.« (Bewertet die Mühe, nicht das Ergebnis.)
»Jetzt wird hier aber mal aufgeräumt.« (Sagt nicht, wer was genau tun soll.)	»Zuerst räumst du alle Duplosteine in die Kiste – gut so – und jetzt die Stifte.« (Klare Ansagen.)
»Wenn ich hier gleich noch etwas rumliegen sehe, kannst du das Fernsehen diese Woche vergessen.« (Droht Strafen an, die nichts mit der Aufgabe zu tun haben, möglicherweise schwer durchsetzbar sind und noch negativ in die Zukunft wirken.) Anmerkung: »Gutes Strafen«, also so strafen, dass es tatsächlich zu einer positiven Veränderung beim Kind kommt, ist eine der schwierigsten Erziehungsaufgaben überhaupt!	»Nach dem Aufräumen darfst du bis zum Ende der Stunde noch dein Lieblingsspiel auf dem PC spielen.« (Motiviert, stellt aber klare zeitliche Abfolge fest, getreu dem Spruch: Erst die Arbeit, dann das Vergnügen.)

Anhang

Gezielte Hilfe bei Entwicklungs- und Wahrnehmungsstörungen

Seit einigen Jahren scheinen Entwicklungsstörungen im Vorschulalter immer weiter zuzunehmen. Offen ist noch, ob die Kinder tatsächlich immer auffälliger werden oder ob durch immer umfangreichere Testungen nur jetzt Dinge für krankhaft erklärt werden, die man früher als persönliche Stärken und Schwächen aufgefasst hat.
Bei der Untersuchung von Kindern mit auffälliger Entwicklung hat in den letzten 20 Jahren in Deutschland die aus Amerika stammende Analyse der basalen Wahrnehmung große Verbreitung gefunden. Damit ist die Wahrnehmung der Dinge gemeint, die wir normalerweise gar nicht bewusst wahrnehmen. Folgende Bereiche in der nebenstehenden Tabelle gehören unter anderem dazu.
Allen diesen Wahrnehmungen ist gemeinsam, dass wir uns blind auf sie verlassen und oft erst bemerken, dass unser Körper diese Dinge überhaupt registriert und verarbeitet, wenn sich die äußeren Bedingungen verändern:

- Wenn eine Stufe nur einen Zentimeter höher ist als die anderen, bemerken wir dies sofort. Dass unsere Muskeln und Gelenke millimetergenau gesteuert werden, damit wir nach der optischen Erfassung einer Treppe diese mühelos emporgehen, ist uns meist nicht bewusst.
- Die Teilnahme an einem Entspannungstraining wie der Progressiven Muskelentspannung nach Jacobson macht vielen Menschen bewusst, dass sie Muskeln übermäßig anspannen, die sie bisher noch nicht einmal bewusst

Bereich basaler Wahrnehmung	So kann man diese Wahrnehmung bewusst machen
Propriorezeption: Die Wahrnehmung der Stellung der Gelenke und der Spannung der Muskeln	Ob das Knie gebeugt oder gestreckt ist, kann man auch mit geschlossenen Augen spüren. Wenn Sie die Beinmuskeln erst anspannen und dann loslassen, bekommen Sie auch ein Gefühl dafür, wie angespannt Ihre Muskeln in diesem Bereich sind.
Oberflächen- und Tiefensensibilität: Die Wahrnehmung der Hautoberfläche und des Drucks auf der Haut und dem Gewebe	Wenn Sie sich darauf konzentrieren, können Sie wahrnehmen, wo Ihr Körper Kontakt zum Stuhl hat. Auch enge Kleidung und Fahrtwind wird so wahrgenommen.
Vestibuläre Wahrnehmung: Die Wahrnehmung der Schwerkraft und des Gleichgewichts	Wenn Sie sich zehnmal rasch herumdrehen und abrupt stoppen, dreht sich die Welt um Sie herum scheinbar weiter.
Auditive und visuelle Wahrnehmung: Die Verarbeitung von Hör- und Sehimpulsen im Großhirn	Die unbewusste Verarbeitung zu Seh- und Höreindrücken wird uns durch optische Täuschungen bewusst oder durch die Illusion eines durch das Wohnzimmer fahrenden Polizeiautos bei Surroundsound.

wahrgenommen hatten (zum Beispiel den Kiefermuskel, wenn sie immer »die Zähne zusammenbeißen«).

- Manche Menschen nehmen erst abends den Grund für ihre schlechte Laune wahr, wenn sie beim Ausziehen bemerken, wo sie der Schuh gedrückt hat.

Wie genau wir diese Dinge wahrnehmen, hat manchmal weitreichende Konsequenzen auf die Art, wie wir die Welt und uns selber darin sehen. Für die Planung einer Therapie ist es wichtig zu wissen, in welchem Bereich der Wahrnehmung Schwächen und Stärken bestehen. Wenn ein Kind sich beim Schreiben stark verkrampft, dann kann das daran liegen, dass es sich selbst nicht gut spürt und alle Muskeln anspannt, um nicht vom Stuhl zu fallen. Es kann auch daran liegen, dass es dem Kind sehr schwerfällt, die Stimme der Lehrerin aus dem Lärmpegel in der Klasse herauszuhören, und es dabei instinktiv ständig den Kopf reckt und nach vorn streckt, um etwas besser hören zu können. In beiden Fällen würde die Therapie ganz andere Felder der Wahrnehmung bearbeiten müssen. In manchen Fällen erlebt man erstaunliche Veränderungen bei Kindern, wenn sie in der Therapie ihr Gleichgewicht erstmals bewusst wahrnehmen und danach nicht nur besser schreiben, sondern auch sonst mehr »im Gleichgewicht mit sich selbst« sind. Auch für Eltern ist es dann oft entlastend zu sehen, dass das Kind nicht unwillig, ungehorsam, böse oder faul ist, sondern Besonderheiten in der basalen Wahrnehmung hat. Eltern können dann oft verständnisvoller mit dem Kind umgehen, und auch das fördert die Entspannung des Kindes.

Solche Erfolge haben dazu geführt, dass mancherorts Kinder auch bei nur geringen Auffälligkeiten umfangreich auf das Vorliegen basaler Wahrnehmungsstörungen untersucht wurden. Vor einigen Jahren untersuchte zum Beispiel eine Schule alle Schüler der siebten Klassen auf Schwächen der basalen Wahrnehmung. Man wollte den Kindern die negativen Folgen dieser Auffälligkeiten ersparen. Dabei stellte sich allerdings heraus, dass auch viele gesunde, glückliche und erfolgreiche Menschen Auffälligkeiten in irgendeinem Wahrnehmungsbereich haben, wenn man nur gründlich genug danach sucht. So besteht die Gefahr, dass ein Testergebnis zur sich selbst erfüllenden Prophezeiung wird und das Kind als gestört eingeschätzt wird – und sich im schlimmsten Fall bemüht, dem Bild zu entsprechen, das die Erwachsenen von ihm haben.

Wenn bei Ihrem Kind Auffälligkeiten der basalen Wahrnehmung festgestellt wurden, sollten Sie Folgendes wissen:

- Eine basale Wahrnehmungsstörung ist keine unumstößliche Wahrheit, sondern *eine* von mehreren möglichen Sichtweisen auf die Probleme eines Kindes.
- Ein Defizit in diesen Bereichen bedeutet nicht, dass ein Kind in seinem Leben dadurch jemals Probleme bekommen muss.
- Ein Test an sich gibt noch keine Auskunft darüber, ob bei Ihrem Kind eine behandlungsbedürftige Störung besteht (oder ob Ihr Kind die betreffende Fähigkeit einfach noch nicht genug geübt hat, weil es keine Gelegenheit dazu hatte).
- Das menschliche Gehirn ist auf Lernen durch Üben programmiert. Natürlich hat jeder Mensch Stärken und Schwächen, also Bereiche, in denen er rasch lernt oder geschickter wird, und Bereiche, in denen das Lernen schwerfällt. Aber es gibt keine Schwäche oder Störung, die nicht durch Üben trainiert werden könnte.
- Üben führt besonders dann zum Entwicklungsfortschritt, wenn es regelmäßig erfolgt und von Erfolg, Anerkennung und Nutzen begleitet ist.

Wichtig ist es daher, diagnostizierte Störungen auf ihre Alltagsbedeutung zu untersuchen. Wenn bei einem Kind eine Wahrnehmungsschwäche im Bereich des Gleichgewichts festgestellt wird, das Kind aber Einrad fahren kann (diesen Fall hatte ich in der Praxis), so muss man sich fragen, welche Bedeutung dem Testergebnis zugemessen werden darf. Erfahrene Therapeuten verlassen sich daher nie auf ein Testergebnis allein, sondern prüfen, ob das Testergebnis zu ihrer Beobachtung des Kindes passt.

Dieses Kapitel ist daher vor allem für Leser interessant, die sich um diesen umfassenden Blick auf die Störung eines Kindes bemühen. Für jeden Entwicklungsbereich sind im Folgenden Alltagstätigkeiten aufgelistet, mit denen die Wahrnehmung in diesem Bereich besonders gefördert werden kann.

Dabei kann noch so gute häusliche Förderung eine notwendige Therapie nicht ersetzen (s. Kapitel »FamilienErgo und Ergotherapie«, Seite 182 ff.). Es gibt Kinder, deren Entwicklung so besonders verläuft, dass Eltern und Erzieher nicht auf den Erfahrungsschatz des Umgangs mit »normalen« Kindern zurückgreifen können, um dem Kind einen notwendigen Schritt der Selbstständigkeit zu vermitteln. Es gibt Situationen zwischen Eltern und Kindern, die so verfahren sind, dass erst einmal ein Außenstehender einen Zugang zu dem Kind gewinnen muss, um es zu motivieren, die vermiedene Tätigkeit (wieder) auszuführen. Manche Kinder haben ein so geringes Selbstbewusstsein, dass auch eine noch so gut meinende Erzieherin in der Gruppe von 25 Kindern dem Kind nicht das richtige Vorgehen zeigen kann.

In diesen Fällen ist ein ärztlich verordnetes »Heilmittel« wie zum Beispiel Ergotherapie eine gute Möglichkeit, das Leiden des Kindes zu lindern und ein durch die Störung beeinträchtigtes Wohlbefinden des Kindes wiederherzustellen. Moderne Konzepte der Ergotherapie* stellen dabei die Alltagskompetenzen des Kindes (und nicht die Ausprägung seiner Wahrnehmungsfunktionen) in den Mittelpunkt. Am meisten Erfolg haben meiner Erfahrung nach Therapien, die ein konkretes Therapieziel verfolgen. Ein Kind mit Problemen im Gleichgewichtsbereich könnte zum Beispiel lernen, Fahrrad zu fahren, um dadurch wieder mit den anderen Kindern der Siedlung spielen oder einen Freund besuchen zu können. Bei Problemen mit der Körperwahrnehmung ist das selbstständige Anziehen ein Ziel, bei dem das Erlernte nach Therapieende auch im Alltag weiter verbessert und geübt wird.

So soll die nachfolgende Zusammenstellung Fachleuten und interessierten Eltern helfen, einzuschätzen, ob eine festgestellte Störung auch im Alltag des Kindes relevant ist. Andererseits kann die Tabelle auch als Ideengeber für Therapieziele dienen, wenn Eltern, Ärzte, Therapeuten und Kinder sich fragen, welchen Nutzen das Kind aus einer Therapie ziehen soll und was das Kind motivieren könnte, sich in der Therapie anzustrengen und das in der Therapie Erlernte auch im Alltag anzuwenden. Eltern, deren Kinder sich in Therapie befinden, können hier Hinweise finden, womit sie die Therapie zu Hause unterstützen könnten – be-

---

*Eine Übersicht hierzu finden Sie in: Becker, Heidrun, Steding-Albrecht, Ute (Hrsg.): *Ergotherapie im Arbeitsfeld Pädiatrie*, Stuttgart: Georg Thieme 2006

sprechen Sie dies aber unbedingt mit der Therapeutin oder dem Therapeuten Ihres Kindes.
Wenn Sie das FamilienErgo-Training durchführen, so sollten Sie das Training erst in ein oder zwei Bereichen beginnen, in denen Ihr Kind voraussichtlich rasch Erfolg haben wird. Erst der dritte »Ich-kann-das-schon-allein«-Stern darf für Dinge vergeben werden, die Ihrem Kind größere Mühe abverlangen.
Für die Durchsicht und Ergänzung der nachfolgenden Übersicht danke ich der Ergotherapeutin Gabriele König aus Mosbach.

Teilbereich/ Störung	Fördermöglichkeiten
Auditive Wahrnehmung – akustische Ablenkbarkeit	Beim Einkaufen Waren suchen lassen. Dabei genau beschreiben, wonach das Kind suchen soll.
Auditive Wahrnehmung – auditiver Speicher	Nachrichten telefonisch weitergeben und Inhalt eines Telefonats wiedergeben. Dem Kind zuhören: »Was hast du heute erlebt?« Buch vorlesen und darüber sprechen, zum Beispiel: »Warum hat Conny sich das Bein gebrochen?«
Auditive Wahrnehmung – Hilfen bei Dysgrammatismus und Dyslalie (»Socke in Ssank ich tu«)	Auch dies können Sie ganz nebenbei trainieren. Korrigieren Sie nicht – wiederholen Sie korrekt als Zeichen, dass Sie Ihr Kind verstanden haben: »Du legst jetzt die Socken in den Schrank – prima!«
Auditive Wahrnehmung – phonologische Bewusstheit (Reime und Laute erkennen)	Gemeinsam singen (eventuell auch im Auto zur Kassette /CD). Spielanregungen dazu gibt es im Buch *Neue Strategien gegen Legasthenie* von Petra Küspert.

Teilbereich/ Störung	Fördermöglichkeiten
Auditive Wahrnehmung – Sprachwahrnehmung	Diese fördern Sie automatisch, wenn Sie etwas mit Ihrem Kind tun, gezielte Anweisungen geben und zeigen: »Leg die Socken in den Schrank«, »Fass das Messer weiter hinten an.« Das Kind kann dabei im Tun be-greifen, was die Worte »in«, »hinten«, »weiter« etc. bedeuten.
Feinmotorik	Gemüse schälen und schneiden (erst mal mit Gemüseschäler), Wäscheklammern benutzen, abwaschen, abtrocknen, Spülmaschine ausräumen, Brot schmieren, Besteck benutzen. Knöpfe schließen, Schleife üben statt Schuhe mit Klettverschluss verwenden. Schrauben, hämmern, schmirgeln, feilen, reparieren, kleben, schneiden. Im Garten aussäen und Beeren ernten.
Gedächtnis	Socken, Wäsche, Geschirr und Besteck an den richtigen Platz zurückbringen. Einkaufen. Familiennamen, Adresse, Wohnort, eigene Telefonnummer nach und nach auswendig lernen. Bei Gedächtnisschwäche (das Kind kann sich zum Beispiel Farben schlecht merken): *nicht* üben und abfragen (das beschämt Ihr Kind möglicherweise), sondern die Dinge beim Namen nennen, sobald sie auftauchen: »Möchtest du *grünes* Waldmeistereis oder *braunes* Schoko?« Besonders leicht merken wir uns Dinge, wenn sie mit positiven Erfahrungen verknüpft sind, zum Beispiel auch beim Spiel (Memory etc.).

Teilbereich/ Störung	Fördermöglichkeiten
Grafomotorik	Schenken Sie Ihrem Kind als Belohnung Straßenmalkreide für draußen oder Tafel und Kreide für drinnen. Auch Rasierschaum an der Wand der Duschkabine oder bunte Körperseifen können Kinder zum Malen animieren.
Grobmotorik	Fegen mit Besen, Handfeger und Schaufel. Schwimmen gehen, Spielplatz besuchen, Fahrrad und Roller fahren. Treppen steigen statt Fahrstuhl fahren, zu Fuß gehen (Fördermöglichkeiten beim Gehen: Seite 32 f.).
Händigkeit	Nur Ihr Kind kann spüren, ob es Rechts- oder Linkshänder ist: Gelegenheit dazu hat es beim Gemüseschälen und -schneiden, Abwaschen, Abtrocknen, Brotschmieren. Beim Tischdecken soll das Kind die rechtsorientierte Anordnung für die erwachsenen Rechtshänder kennen, darf sich seine räumliche Orientierung aber selbst aussuchen (s. Seite 46).
Handlungsplanung	Dies wird durch den folgerichtigen Handlungsablauf bei allen FamilienErgo-Tätigkeiten »automatisch« gelernt. Wichtig: Mitmachen ist besser als Vormachen.
Kognition (Begreifen von Gesetzmäßigkeiten)	Sockenpaare suchen, Wäsche sortieren, Müll trennen, Abgespültes wegräumen. Im Gegensatz zu klugen Fernsehsendungen kann Ihr Kind bei diesen Dingen etwas anfassen und begreifen.
Konzentration und Ausdauer	Wenn Ihr Kind eine Tätigkeit kann, loben Sie es besonders, wenn es eine Sache vollständig zu Ende gebracht hat. Einkaufen schult die Konzentration inmitten von Ablenkungen.

Teilbereich/ Störung	Fördermöglichkeiten
Konzentration und Ausdauer	Eine gute Hilfe ist: Ihr Kind sagt sich die Dinge, die es suchen soll, pausenlos selber auf (zum Beispiel »Honig und grünes Spüli, Honig und grünes Spüli ...«). Jeden Tag zehn Minuten »Tischarbeit« mit einbauen: puzzlen, malen, basteln, ein Spiel machen.
Körperwahrnehmung	Immer allein anziehen lassen – auch die Socken. Reißverschluss und Schleife üben. Allein duschen, Haare waschen, eincremen, Zähne putzen (aber danach kontrollieren). Bei Schwierigkeiten: Anziehtraining mit der »Anziehstraße« (s. Seite 99 ff.) »Pizza backen« auf dem Rücken (Anleitung s. Seite 25) Jede aktive Bewegung ist Selbstwahrnehmung – daher Zeiten ohne Bewegung (TV, Auto) kurz halten! Weitere Fördermöglichkeiten: s. »Fein- und Grobmotorik«.
Kraftdosierung	Umrühren, eingießen, Ei aufschlagen, Eier trennen. Allein anziehen lassen. Brot schmieren.
Räumliche Orientierung	Nachhauseweg finden, im Supermarkt Waren finden, Geschirr zurückräumen, Tisch decken.
Serialität (zeitlicher Ablauf)	Auditiv: mehrere Dinge im Supermarkt nacheinander holen. Visuell: Tisch immer in der gleichen Reihenfolge decken: erst Teller, dann Messer etc.

Teilbereich/ Störung	Fördermöglichkeiten
Taktil-kinästhetische Wahrnehmung	Kuchen- oder Pizzateig kneten, selbst eincremen lassen, im Garten oder Sandkasten graben. Weitere Hinweise: s. »Feinmotorik«
Vestibuläre Wahrnehmung	Kind für Arbeiten am Tisch auf kleinen Tritthocker stellen (verbessert das Gefühl für eigenen Stand und reduziert Zappeligkeit). Eine Zimmerschaukel oder Hängematte in den Türrahmen hängen. Minitrampolin ins Kinderzimmer stellen. Zu Fuß zum Einkaufen gehen und dabei auf Mäuerchen oder Bordstein balancieren lassen. Roller und Fahrrad fahren.
Visuomotorik	Figur-Hintergrund-Wahrnehmung: Passende Socken im Korb suchen. Raum-Lage-Wahrnehmung: Tisch decken, Geschirr in Spülmaschine einräumen.

FamilienErgo und Ergotherapie

Die Silbe »Ergo« ist das verbindende Glied zwischen FamilienErgo und Ergotherapie. Das Wort »ergon« kommt aus dem Griechischen und bedeutet »Beschäftigung, Betätigung«. Ein Kind mit sinnvollem Tun zu beschäftigen, kann sowohl als Therapie bei Kranken genutzt (Ergotherapie) als auch zur Förderung von gesunden oder auffälligen Kindern eingesetzt werden.

Was ist Ergotherapie?

»Ergotherapie nutzt Betätigung und schafft Betätigung«, heißt es dazu auf der Homepage der Deutschen Vereinigung der Ergotherapeuten.
Dazu ein Beispiel aus der Kinderarztpraxis: Ergotherapie *schafft* Betätigung, indem ein Kind mit einer Halbseitenlähmung in der Therapie lernt, sich allein anzuziehen. Dies kann durch intensives Training der gelähmten Körperhälfte geschehen. Wo dies nicht möglich ist, weil die Schädigung zu ausgeprägt ist, kann die Therapie dem Kind Kompensationsstrategien vermitteln, zum Beispiel das Binden von Schuhen mit der Einhänderschleife.
Ergotherapie *nutzt* Betätigung, weil das tägliche Anziehen dazu führt, dass das Kind die gelähmte Hand vermehrt benutzt und sich dadurch auch die Funktion weiter verbessert.

Ergotherapie ist ein Heilmittel

Durch die größere Selbstständigkeit wird sich auch das Selbstbewusstsein des Kindes verbessern, es wird sich eher trauen, seine Hände für andere Dinge zu gebrauchen, sich weniger hilflos fühlen und weniger leicht aufgeben. Sein Wohlbefinden wird sich verbessern. Auch wenn die gelähmte Hand vielleicht nie die volle Funktion erlangt, wird doch das Leiden des Kindes gelindert. Damit wird die Ergotherapie ihrem Auftrag als Heilmittel gerecht und hat einen festen Platz in der medizinischen Behandlung von kranken und behinderten Menschen.
Auch Kinder mit weniger offensichtlichen Entwicklungsproblemen können im Alltag so eingeschränkt sein, dass sie

eine Therapie brauchen, ebenso Kinder mit seelischen Störungen wie zum Beispiel depressiven Verstimmungen, die über eine sinnvolle Betätigung oft besser zu erreichen sind als über Gespräche allein.

Moderne Konzepte der Ergotherapie gehen davon aus, dass sinnvolle Betätigung zu den Grundbedürfnissen des Menschen gehört, genauso wie Essen, Trinken und Schlafen.

Wenn man kleine Kinder beobachtet, kann man das Ausleben dieses Grundbedürfnisses unmittelbar erleben: Die meisten kleinen Kinder untersuchen – manchmal zum Leidwesen ihrer Eltern – ununterbrochen ihre Umgebung. Sie klettern, ziehen etwas heraus, betrachten etwas, probieren etwas aus. Niemand muss sie dazu auffordern oder daran erinnern, sie tun das einem inneren Antrieb und Bedürfnis gehorchend.

Spätestens ab dem zweiten Lebensjahr ahmen Kinder auch die Tätigkeiten ihrer Eltern nach: Sie räumen die Schüsseln aus dem Küchenschrank aus (und manchmal wieder ein), sie staubsaugen mit einem Besenstiel, wischen mit dem Lappen und möchten sich auf vielfältige andere Weise nützlich machen.

Dieses natürliche Bedürfnis greift FamilienErgo auf. Bei FamilienErgo geht es aber nicht um die Therapie von Kranken, sondern um die Verhinderung von Entwicklungsstörungen, also um Prävention.

Jede gesunde und jede auffällige Entwicklung entsteht aus dem Zusammenspiel der Anlagen des Kindes und der Bedingungen, unter denen das Kind aufwächst. Die besten Anlagen nutzen nichts, wenn das Kind keine Gelegenheit erhält, seine Fähigkeiten im Alltag einzusetzen. Umgekehrt können alle Fähigkeiten, und seien sie noch so gering ausgeprägt, durch Üben verbessert werden.

Förderung durch FamilienErgo im Alltag

FamilienErgo möchte Eltern ermutigen, ihren Kindern Handlungserfahrungen im Alltag zu ermöglichen. Wie wichtig ein Umdenken in diesem Bereich ist, zeigen zwei Beispiele aus der schon mehrfach zitierten KiKAPS-Studie:

- Bei den fünfeinhalb- bis sechsjährigen Kindern schmierten sich 22 % nur gelegentlich und 13 % fast nie das Brot selbst. Einem Drittel der Vorschulkinder wird also eine wichtige tägliche Übung zur Kraftdosierung, Kinästhetik (Eigenwahrnehmung) sowie der beidhändigen Koordination vorenthalten. Dies ist umso bedauerlicher, als »Brot schmieren« dem Kind eine sofortige Rückmeldung über den richtigen Druck gibt: Ist der Druck zu fest, landet die Marmelade durch das Brot hindurch auf dem Teller, ist der Druck zu gering, bleibt sie am Messer. Beim richtigen Druck gibt es eine positive Verstärkung: Es schmeckt gut und klebt nicht überall. Viele Untersuchungen zeigen, dass Lernerfolg unter solchen Bedingungen besonders wahrscheinlich ist.
- Ähnlich ist es beim selbstständigen Anziehen: In nur zehn Minuten täglich kann ein Kind dabei Feinmotorik, Grobmotorik, Gleichgewicht, Koordination, Kinästhetik, Visumotorik, Handlungsplanung, Ausdauer, Konzentration, Selbstständigkeit, Selbstwirksamkeit und Selbstbewusstsein gleichzeitig üben. Aber: Über 40 % der Viereinhalb- bis Fünfjährigen nutzten dieses Intensivtraining laut Studie nur gelegentlich und wurden stattdessen angezogen.

Dadurch verpassen manche Kinder Erfahrungen, die für die Schule wichtig sind. Wenn Kinder in der Schule verzweifeln, weil sie viel zu langsam im Schreiben sind oder durch den erhöhten Druck Schulterverspannungen bekommen und einfache Ratschläge nichts helfen, ist der Therapeut gefragt, um dem Kind die notwendige Alltagstätigkeit »Schreiben« zu ermöglichen. Entsprechende Therapien sind auch durch regelmäßige FamilienErgo nicht immer zu vermeiden. Die Schwankungsbreite feinmotorischer Begabungen ist so groß, dass es immer ein paar Kinder geben wird, die am Erlernen des Schreibens zu scheitern drohen. Das Ziel vorschulischer Förderung sollte es dennoch sein, dass Kinder die Erfahrungen im alltagspraktischen Handeln sammeln dürfen, die sie für eine gesunde Entwicklung benötigen.

Was tun bei Schwierigkeiten?

In der Praxis erlebe ich, dass FamilienErgo in manchen Familien nur begrenzt umgesetzt werden kann. Dies kann an den Besonderheiten des Kindes liegen: Wenn Kinder behindert, extrem motorisch ungeschickt oder umtriebig sind, dann ist es nachvollziehbar, dass auch noch so motivierten Eltern die Ideen ausgehen, wie man dieses Kind in Alltagstätigkeiten einbeziehen kann. Je nach der individuellen Situation und dem Angebot vor Ort wird der Arzt den Eltern dann pädagogische Maßnahmen wie Frühförderung oder Aufnahme in einen heilpädagogischen Kindergarten empfehlen oder eine Ergotherapie verordnen.

In anderen Fällen besteht das Problem eher darin, dass das Kind durchschnittlich entwickelt ist, den Eltern aber Strategien zur Motivation des Kindes und Strukturierung des Alltags fehlen. Das kann daran liegen, dass die Eltern dies in ihrem eigenen Elternhaus nicht erlebt haben oder weil andere Lebensprobleme so im Vordergrund stehen, dass Eltern gar nicht den Kopf dafür frei haben, sich ein paar Minuten täglich um ihr Kind zu kümmern. Hier bieten sich als Hilfe Elternschulungen, Erziehungsberatung und eventuell auch Maßnahmen nach dem Kinder- und Jugendhilfegesetz (KJHG) an.

Unabhängig von der Ursache möglicher Schwierigkeiten hat es aber meiner Erfahrung nach noch keiner Familie geschadet, FamilienErgo zu versuchen. Im günstigsten Fall kommt es zu einer positiven gegenseitigen Verstärkung: Das Kind ist froh darüber, dass die Eltern ihm etwas zutrauen, und macht kleine Fortschritte, die Eltern sehen sich in ihrer Erziehungskompetenz gestärkt und sind stolz auf ihr Kind.

Im ungünstigeren Fall passiert gar nichts: Alle Versuche verlaufen im Sande. Die Antwort auf die Frage »Warum konnten Sie FamilienErgo nicht umsetzen?« macht allen Beteiligten deutlich, worin das Entwicklungsproblem des Kindes besteht und welche Maßnahmen erforderlich sind, um die Entwicklung voranzubringen.

Wenn eine Ergotherapie durchgeführt wird, so arbeiten erfolgreiche Therapeuten nicht nur mit dem Kind, sondern helfen den Eltern auch, das in der Therapie Erreichte in den Alltag umzusetzen. Ergotherapeuten sind oft Meister in der Kunst, ein Kind auch zu schwierigen Dingen zu motivieren. So hat die Therapie einen doppelten Nutzen: Die Kinder machen Entwicklungsfortschritte und die Eltern erlernen Strategien, wie sie ihr Kind nach Abschluss der Therapie zu

Hause weiter fördern können. Als kompakte schriftliche Handlungsanleitung geben manche Therapeuten den Eltern dann meine FamilienErgo-Broschüre (s. Seite 190) mit. FamilienErgo und Ergotherapie ergänzen sich, um Kindern möglichst viel eigenes Handeln und sinnvolle Betätigung zu ermöglichen. Ein praxisnahes Stufenkonzept zur wirkungsvollen Verordung von Ergotherapie finden Ärzte und Ergotherapeuten unter www.rope-konzept.de.

Elternschulungen

In keinem Beruf gibt es so wenig Aus- und Fortbildung wie im »Elternberuf«. Das ändert sich jetzt durch die immer populärer werdenden Elternschulungen. Sie vermitteln Handwerkszeug und Gesprächsstile, zeigen auf, wie man bei Problemen anders, besser, passender reagieren kann. Die Frage ist nicht: Wie macht man es richtig? Sondern: Welcher Weg passt zu mir und unserer Familie, um Nein zu sagen oder mit Aggressionen umzugehen? Elternschulungen sind eine Schatztruhe für mehr gemeinsame Freude in der Familie. Es gibt sie mittlerweile fast überall, oft kosten sie weniger als ein Monatskindergeld, bei vielen gemeinnützigen Anbietern werden Familien mit geringem Einkommen die Kosten ganz oder teilweise erlassen.
Anbieter der Elternschulungen sind Volkshochschulen, Familienbildungsstätten, Erziehungsberatungsstellen, gemeinnützige Organisationen (Arbeiterwohlfahrt, Kinderschutzbund etc.) sozialpädiatrische Zentren und viele mehr. Ihre Ärztin oder Ihr Arzt kann Ihnen sicher eine Adresse in Ihrer Nähe nennen.

Seit 2006 gibt es das Elterntraining zum FamilienErgo-Konzept »Fit für den Alltag – fit für die Schule«. Es beruht auf dem wissenschaftlich evaluierten Elterntraining »... Eltern sein dagegen sehr« des Kinder- und Jugendarztes Dr. Rüdiger Penthin. Es ist besonders für Eltern von Vorschulkindern gedacht und kann von Pädagogen, Psychologen, (Ergo-) Therapiepraxen, Familienbildungsstätten und anderen Institutionen durchgeführt werden. Nähere Informationen dazu unter www.ffa-ffs.de.
Folgende Elternschulungsprogramme sind überregional verbreitet:

Starke Eltern – Starke Kinder
Deutscher Kinderschutzbund, Tel. 05 11 / 304 85-0, www.starkeeltern-starkekinder.de

KESS (kooperativ, ermutigend, sozial, situationsorientiert)
Arbeitsgemeinschaft für katholische Familienbildung e.V., Tel. 02 28 / 37 18 77, www.kess-erziehen.de

STEP (Systematic Training for Effective Parenting)
STEP Elterntraining, Hotline 0 18 05 / 36 63 67, www.instep-online.de

Triple P – Das Positive Erziehungsprogramm
Triple P Deutschland, Tel. 02 51 / 51 89 41, www.triplep.de

Gordon Familientraining
www.gordonmodell.de

Die FamilienErgo-Broschüre

Im Kapitel »Topfit für die Schule durch Mitarbeit im Haushalt« haben Sie das 2005 entwickelte Training »Topfit für die Schule mit FamilienErgo« kennengelernt. Es greift in komprimierter Form die Hinweise zur häuslichen Förderung des ersten Teils dieses Buches auf. Mit nur sieben Tätigkeiten kann bereits der größte Teil der für die Schule erforderlichen Wahrnehmungs- und Selbstorganisationsfähigkeiten trainiert werden. Alle Tätigkeiten sind in kleine Schritte unterteilt und mit Checklisten versehen.

Der Handlungsteil des Trainings ist als Broschüre mit dem Titel »Fit für die Schule mit FamilienErgo« beim Verfasser unter www.FamilienErgo.de zu beziehen. Im Preis von drei Euro sind sechs phosphoreszierende Leuchtsterne enthalten, mit denen die Kinder wie in diesem Buch auch für ihre Mithilfe und ihr Bemühen belohnt werden.

Die Broschüren sind auch auf Russisch und Türkisch erhältlich. Sie sind als preisgünstige Anleitungshefte für Elterngruppen konzipiert (zum Beispiel für Eltern einer Kindergartengruppe), passen aber auch zum Elterntraining »Fit für den Alltag – fit für die Schule« (www.ffa-ffs.de), das von Einrichtungen der Elternbildung, Therapiepraxen etc. angeboten werden kann.

Literaturhinweise

Becker, Heidrun, Steding-Albrecht, Ute (Hrsg.): *Ergotherapie im Arbeitsfeld Pädiatrie*, Stuttgart: Georg Thieme 2006

Biddulph, Steve: *Das Geheimnis glücklicher Kinder*, München: Wilhelm Heyne 2007

Bundeszentrale für gesundheitliche Aufklärung: *Unsere Kinder. Eine Broschüre für Eltern mit Kindern von 2–6 Jahren* (kostenlos zu beziehen bei der BzGA: 51101 Köln, order@bzga.de, Bestellnr.: 11 070 000)

Dernick, Rupert, Lange, S., Esser, G.: »Kindliche Kompetenzen im Alltag und gelungener Schulstart«, in *Kinderärztliche Praxis* 80, S. 350–357, 2009, Nr. 5 (KiKAPS-Studie)

Elschenbroich, Donata: *Weltwissen der Siebenjährigen. Wie Kinder die Welt entdecken können*, München: Goldmann, 8. Aufl. 2007

Esser, Günter (Hrsg.): *Lehrbuch der klinischen Psychologie und Psychotherapie des Kindes- und Jugendalters*, Stuttgart: Georg Thieme, 2., aktual. Aufl. 2003

Frick, Jürg: *Die Droge Verwöhnung. Beispiele, Folgen, Alternativen*, Bern: Hans Huber, 3., überarb. u. erg. Aufl. 2005

Furman, Ben: *Ich schaffs. Spielerisch und praktisch Lösungen mit Kindern finden*, Heidelberg: Carl-Auer-Systeme, 2. Aufl. 2007

Juul, Jesper: *Die kompetente Familie. Neue Wege in der Erziehung. Das familylab-Buch* (hrsg. von Mathias Voelchert), München: Kösel, 2. Aufl. 2007

Juul, Jesper: *Das kompetente Kind. Auf dem Weg zu einer neuen Wertgrundlage für die ganze Familie*, Reinbek: Rowohlt-TB 2003

Krenz, Armin: *Ist mein Kind schulfähig? Ein Orientierungsbuch*, München: Kösel, 5. Aufl. 2007

Küspert, Petra: *Neue Strategien gegen Legasthenie*, Ratingen: Oberstebrink 2005

Küspert, Petra, Schneider, Wolfgang: *Hören, lauschen, lernen. Sprachspiele für Kinder im Vorschulalter*, Göttingen: Vandenhoeck & Ruprecht, 5., überarb. Aufl. 2005

Küstenmacher, Werner Tiki, Seiwert, Lothar J.: *Simplify your life. Einfacher und glücklicher leben*, Frankfurt/Main: Campus, 14., veränd. Neuaufl. 2005

Largo, Remo H.: *Kinderjahre. Die Individualität des Kindes als erzieherische Herausforderung*, München: Piper, 14. Aufl. 2007

Prekop, Jirina, Schweizer, Christel: *Kinder sind Gäste, die nach dem Weg fragen. Ein Elternbuch*, München: Kösel, 19., durchges. u. erw. Neuaufl. 2007

Scheepers, Clara, Steding-Albrecht, Ute, Jehn, Peter (Hrsg.): *Ergotherapie. Vom Behandeln zum Handeln. Lehrbuch für Ausbildung und Praxis*, Stuttgart: Georg Thieme, 3., überarb. u. erw. Aufl. 2006

Spitzer, Manfred: *Vorsicht Bildschirm! Elektronische Medien, Gehirnentwicklung, Gesundheit und Gesellschaft*, München: dtv 2006

Wunsch, Albert: *Die Verwöhnungsfalle. Für eine Erziehung zu mehr Eigenverantwortlichkeit*, München: Kösel, 11. Aufl. 2007